KB161667

ﻁﺎﺑﻖ ﺍﻭ

الثورات العربية

아랍의 봄

الثورات العربية

임은모 지음

이담 Books

머리말

■ ■ ■　세계적인 문호(文豪) 괴테는 퍽이나 의미심장한 메시지를 남겼다. 이른바 인류 희망의 본질이다. "노인은 추억에 살고 청년은 꿈에 산다"면서 인류 희망의 본질을 그렇게 메시지로 구분했다. 추억은 과거 지향적이고 꿈은 미래 지향적이라는 단서를 붙여서 말이다.

하긴 경제주체(소비자와 기업과 국가)의 기상(氣像)이 과거 지향적일 때에는 분열과 갈등을 닮은 후퇴현상을 빚어냈다. 반면 미래 지향적일 때는 화합과 도약을 가져온다는 사실은 우리가 역사에서 유추한 점과 동일하다. 아니, 그렇게 배웠다.

실제로 아랍인들이 스페인 사람들이 살고 있는 이베리아 반도를 정복한 것은 711년이다. 역사는 그대로 흘러 1492년 아랍인의 마지막 보루였던 그라나다 왕국이 멸망할 때까지 아랍인들은 스페인을 무려 780년간 지배했다. 지금도 스페인에 가면 국교(國敎)인 가톨릭성당 옆에 이슬람 상징인 모스크가 산재해 있는 것을 쉽게 발견할 수 있다. 그러나 라틴계의 스페인 사람들은 800년 동안 자기들을 지배했던 아랍인 침략자의 유산이라고 해서 모스크를 파괴하거나 아랍인들의 다른 문화유산까지 철거하지 않고 보존 모드로 일관하고 있다. 지중해의 이베리아 반도가 아랍의 바다로 등장한 일은 올해로 정확하게 1300년 전의 역사적 사건이 되었다. 이게 다시 요동을 치고 있다.

2011년 2월 세기사적 역사 현실로 남을 MENA(중동+북아프리카) 지역에서 발생한 '아랍의 봄'도 괴테가 이미 밝힌 내용인 인류 희망의 본질을 추적해 보면 필연적 역사 교훈으로 다가오게 된다. 그러나 튀니지발(發) 재스민 혁명에서 발아(發芽)된 아랍의 봄은 미완성이라 조심스러운 점에서 자유스럽지 못하고 있다. 지난해 3월 19일 '오디세이 새벽'으로 지칭되는 나토군의 리비아 공습이 10월 20일 포스트 카다피 시대를 열었다 해도 아직 시리아와 예멘이 지금까지 지지부진하게 이어지고 있기 때문이다. 이제 아랍의 봄은 일과성이 아닌 민주화 열기에 따라 지속성을 지닐 것으로 예단하는 데 모두가 동의하고 있다.

하긴 민주주의는 낙후된 경제를 싫어하고, 독재정치를 기피하며, 강한 군대를 무서워한다. 32년 전인 한국의 '5월의 광주'가 그랬다. 예부터 낙후된 경제에는 강한 군대가 있기 마련이다. 국민소득은 1,500달러 남짓 했고, 군대와 관료 조직 외에 새로운 질서를 떠맡을 사회조직이 성숙하지 않는 상태여서 그렇다. 게다가 정치파벌이 권력을 다퉜다.

　이집트가 정확한 이런 상황이었다. 국민소득 2,000달러에 강한 군대와 초라한 경제, 그리고 전통적 교리로 무장한 무슬림형제단과 조금 서구화된 정치세력이 민주전환의 방식을 놓고 목하 협상 중이다. 이런 권력 진공 상태를 강한 이집트 군부가 독수리처럼 예의 주시하고 있는 게 지금의 카이로다. 언제 어느 누가 권력을 채갈지 모르고 있다. 다만 카이로의 타흐리르 광장에는 민초들이 모여 자유와 민주를 외치면서 30년 무바라크 독재자의 말로에 대한 법적 심판을 강하게 요구하고 있다.

　우연의 일치로 노벨위원회는 지난해 노벨평화상을 아랍의 봄을 촉발시킨 예멘 출신 여성 언론인 타와쿨 카르만을 비롯하여 아프리카 여권(女權)신장에 큰 공을 세운 엘런 존슨 설리프 라이베리아 대통령과 라이베리아 평화운동가 리머 보위에게 수여하였다. 바로 이 대목에서 이 책은 시작된다. 나는 우선적으로 독자의 편익이 되게끔 모두 3부 10장으로 꾸몄다.

PART 1은 아랍의 봄을 맞아 강해진 자존심 회복으로 MENA 지역 민초들의 빈곤과 혁명과 나의 아랍을 읊조렸다. 도둑을 맞을 수 없는 타흐리르 광장의 외침과 요구에 대한 현장보고서다.

PART 2는 아랍의 봄을 주도한 아랍 젊은이들의 3대 요구사항인 민주화와 빵과 일자리를 인사이드(MENA 지역의 내부)와 아웃사이드(외부의 서구)로 구분해서 일목요연하게 정리했다.

마지막 PART 3은 이 지역의 국제기구와 함께 사막에 핀 영춘화(迎春花), 재스민이 지닌 가치와 의미를 서구적 시각으로 이를 구체화시켰다. 물론 독일이 낳은 문호 괴테의 인류 희망의 본질에 따른 그의 명언 '이 세상에는 이것이냐, 저것이냐 처리되는 것은 극히 드물 뿐이다'는 메시지가 크게 도움말이 되었다.

끝으로 어려운 한국 출판사정에도 필자에게 열 번째의 출판의 기회를 주신 채종준 한국학술정보(주) 대표이사님께 감사를 드린다.

2012. 1. 5.
임은모
(adimo@hanmail.net)

차 례

CONTENTS

PART **1** | 나의 빈곤, 나의 혁명, 나의 아랍

■ ■ ■ 우리가 지금까지 알았고 배웠던 MENA(중동+북아프리카) 지역의 현대사는 이제 수정과 보완이 절실하게 필요한 시대를 맞고 있다. 기존의 상식과 비즈니스 정보는 아랍의 봄을 겪으면서 너무나 많은 변화와 발전이 이어지고 있어서다. 하긴 현대사에서 지금처럼 이지역이 요동치고 격변하는 정세의 중앙에 선 경우는 극히 드물다. 그러나 위기 속에 기회가 있기 때문에 변화 속에 시장이 있다는 단순논리를 그대로 적용해 보면 요동(搖動)과 격변(激變)은 이미 예정된 국제 현실임을 알게 한다.

우선 사회경제학적 측면에서 보는 관점이다. 이 지역은 사막 지대로 열사(熱砂)의 나라들이다. 그래서 제조업 위주의 경제와는 거리가 멀다. 그만큼 규모의 경제에서 산업화는 항상 뒷전이었다.

두 번째는 석유정치학적 측면에서 보는 관점이다. 석유에 대한 이해관계는 개발과 가격의 조건과 다르게 서방세계가 이 지역을 화약고로 만들 만큼 다양한 얼굴을 만드는 데 일조한 이유다.

세 번째는 지정학적 측면에서 보는 관점이다. 지중해와 아라비아 해(海)는 석유와 천연가스 수송의 요충지답게 전 세계 화물의 통로라는 점에서 지정학적 절대적 가치를 지녔다. 이를 통해 항상 세계 평화와 전쟁, 질서와 불안을 내포하는 지역적 연관성으로 이익과 분쟁의 대상이 되었다는 점을 배제하기 어렵다.

이 세 가지 관점에 비추어, 결국 문명의 충돌과 문명의 공존을 아우르는 지역적 관계에 의해 정체와 발전을 거듭하는 가운데서 아랍의 현대사가 쓰였다. 여기다가 들불처럼 일고 있는 튀니지발(發) 아랍의 봄은 독재자와의 악연을 끊고 '나의 아랍'을 완성시키는 계기를 만들면서 최근 MENA 지역은 어느 나라도 예외를 두지 않고 민주화 열기로 후끈 달아올랐다.

이미 오바마 미국 정부는 기존의 중동정책과는 전혀 다른 색깔과 방식으로 이 지역에 대한 정책 변화를 수용하기 시작했다. 2011년 5월 20일 미국 국무부가 발표한 '중동판 마셜플랜'은 이 지역에 대한 정책의 변화를 진행시키는 메시지로서 크게 두 가지 의미가 돋보인다. 이 지역에 대한 '경제지원'과 '민주화 정착' 등이다. 여기서 미국의 경제지원 정책은 경제발전을 위한 지원을 비롯하여 경제안전을 위한 지원 등으로 세분시켰다.

제2차 세계대전 이후 혼란의 유럽을 부흥시킨 마셜플랜과 비슷하게 세계은행(IBRD)과 아시아개발은행(ADB)과 국제통화기금(IMF)은 아랍 세계의 민주적 개혁과 경제발전을 촉진하기 위한 기금 조성에 발을 벗고 나섰다. 따라서 지금의 지중해는 이제 명실상부한 이슬람 바다로서 거듭남과 동시에 아랍 현대사가 영글어갈 공산이 갈수록 커지고 있다.

Chapter 1

도둑맞을 수 없는 타흐리르

1. 되찾고 있는 아랍 자부심

카이로의 봄은 나일 강으로부터 시작된다. 나일 강은 이집트의 전부다. 나일 강을 세계지도에서 찾아보면 한 줄기의 강이 정확하게 이 나라를 관통하고 있음을 알 수 있다. 나일 강은 이집트의 영토만을 관통하는 것이 아니라 이집트 역사와 문화와 민초들의 희망과 애환을 껴안고 유유히 흐르고 있다. "나일 강물을 먹는 사람은 반드시 나일 강으로 돌아온다"는 이집트 속담처럼 카이로 민초들은 타흐리르 광장에 모여 2011년 아랍의 봄을 혁명으로 완수했다.

이들은 멀리 갈 것이 없이 1952년 7월을 그대로 재연해서 환희와 만끽으로 60년 전의 아랍의 희망을 요구하기 시작했다. 아랍 세계에서 혁명의 가능성을 처음으로 이룩한 가말 압델 나세르(1918~1970년)의 어록은 그래서 다시금 읽게 만든다.

　"이전의 나는 아랍인이 아니었다. 아랍주의를 신봉하지도 않았다. 누군가 내게 아랍의 이익에 관해 주장할 때면 나는 그를 비웃었다. 하지만 나는 이제 아랍의 가능성을 충분히 알게 되었다. 내 고루한 생각은 이번 혁명으로 완전히 바꿀 수 있었다."

　결국 그는 이집트가 낳은 탁월한 범(汎)아랍주의자가 되었다. 나세르는 아랍의 자존심 회복(prideful)의 가능성을 혁명을 통해 제시했다. 실제로 나세르 중령은 자유장교단이라는 젊은 이집트 군인집단을 이끌고 무하마드 알리 왕조의 파루크 왕을 축출하고 처음 공화정을 수립했다. 이집트에서 '나세르주의'로 불리는 그의 아랍 민족주의는 주변국으로 퍼져나갔다. 아랍 세계는 서구의 분열정책으로 사분오열되었기 때문에 그가 주장한 메시지는 16억 무슬림의 경전인 꾸란과 같은 힘으로 다가왔다. 나세르는 서구 제국주의와 싸워 아랍의 자유와 자존심을 되찾아야 한다고 주장했기 때문이다.

오늘의 리비아 사태의 장본인인 카다피 리비아 국가원수는 그 당시 겨우 10세였다. 자신의 고향 사르테에서 나세르의 혁명을 보고 그때부터 마음속 스승으로 롤모델을 삼아 자신의 미래를 투영시켰다. 2011년 카이로의 봄도, 아랍의 봄도 나세르가 지핀 혁명을 닮고 닮아 그렇게 아랍사(史)에서 역사적 사건임과 동시에 혁명의 불사조로 가늠될 단초가 되었다.

■ 아랍 자존심의 역사적 의미

결국 혁명의 불사조는 1956년 수에즈운하의 국유화를 선언할 때 그 가능성은 매우 높았다. 숙적인 유럽 세계를 이겼다는 것만으로도 아랍 세계 전체로부터 환영을 받았으며 제3세계의 희망이 되었다. 당시에는 '아랍의 대의'라는 캐치프레이즈 아래에서 아랍 세계가 통합되는 가능성까지 보여주었다. 국가로서는 완전히 이질적인 시리아나 예멘과 함께 아랍연합을 만드는 일에 합의를 했을 정도였다.

그러나 이집트가 강력한 국가의식으로 다른 아랍 국가를 위해 군림할 듯한 움직임이 보이자 1961년 시리아가 탈퇴했고 눈 깜짝할 사이에 아랍연합은 흔들렸다. 게다가 예멘의 분쟁에 이집트가 개입하면서부터 보수 세력인 사우디아라비아와 대립하는 등 1960년대 들어와서는 완전히 와해되었다. 하긴 아랍 세계의 자존심 회복에 대한 기대와 꿈은 이슬람 대제국 오스만 튀르크(1299~1922년)까지 거슬러 올라간다. 지중해를 이슬람의 바다로 만들면서 얻어낸 아랍의 자부심은 제1차 세계대전으로 몰락하고 지금의 MENA(중동+북아프리카) 지도가 대체로 그려진 이후 거의 100년 만에 맞는 자부심 회복의 시대로서 그 의미부여가 가능하다.

종교적 오해와 여성차별과 테러 등이 만연하는 전(前)근대적 사회라는 이슬람에 대한 서구적 시선에 굴욕과 좌절감을 느끼면서 숨죽이고 살았던 아랍 세계의 국민들은 이제 체제 내부를 향해 자부심 회복에 대한 자신감으로 '가답(憤怒)'을 토하면서 내친걸음으로 '후리아(自由)'를 외치고 있다. 이러한 혁명적 자부심 회복은 무함마드(570~632년)가 이슬람을 창시한 7세기 이후 1400년 만에 나타난 최대의 문명사적(文明史的) 전환으로 기록된다.

■ 대등한 동반자 요구하는 아랍 민초들

세계경제가 일의대수(一衣帶水)로 재편되면서 정치체제는 자연스럽게 다극주의로 변화하고 있다. 중국과 인도와 남아프리카마저 각각의 대국이 결코 서구에 반대하거나 서구를 위해 복무하는 것이 아니라 서구와의 동등한 입장에서 국익을 수호하며 자국의 입지를 다져가고 있다. 예를 들면 미국의 동맹국이자 북대서양기구(NATO) 회원국인 터키는 이란 핵(核)이나 팔레스타인 문제를 놓고 독자적인 행보를 보이며 지역 내 영향력을 높이고 있다.

최근 MENA 지역도 다극주의라는 세계적 흐름에 동참하는 모습은 아랍 자부심 회복에 탄력을 받고 있다. 1979년 이란혁명 당시와 다른 패턴이고 다른 요구이다. 이란 민초들은 "동도 서도 안 된다"고 외치면서 미국이나 소련(현 러시아)과도 대립하고 싶지 않은 바람을 표현했다. 어쩌면 오늘날 다극화된 세계에서 자주성 확보와 국민주권 요구와 일맥상통하고 있다. 또 아랍세계 전역에서 들불처럼 민주화 요구를 통해 "서구와 함께해서도, 서구에 대항해서도 안 된다"는 전제를 달았다. 향후 서구 열강이 정의의 원칙과 국제규율을 잘 수호하는지에 따라 서구를 평가하게 된다. 동시에 자국의 정부가 독재정권을 유지하기 위한 방편으로 반서구주의를 이용하는 것을 더는 용납하지 않는다.

특히 아랍 혁명의 주체(경우에 따라서는 혁명의 주역으로 표기함)가 되고 있는 고등교육을 받은 젊은 층은 'TGiF(트위터+구글+아이패드+페이스북) 세대'답게 인터넷을 통해 모든 정보를 공유하고 활용하는 달인이 되었다. 이른바 소셜네트워크서비스(SNS)가 제시하는 스마트시대의 전형을 이루고 있는 것이다. 이들의 행동과 목소리는 모든 사회적 이권과 부패에 감염된 기성세대와 구별되면서 미래의 희망가부터 부르고 있다. 이집트어로 '해방'이라는 뜻을 가진 카이로의 중심부 타흐리르 광장에서는 30년 무바라크 퇴진 이후에도 카이로 민초들이 매주 금요일 오후에 어김없이 카이로 봄의 축제를 즐기고 있다. 아니, 이집트 군부의 향배를 숨죽이고 지켜보고 있다.

30년 전 한국도 그랬다. 예기치 못한 10·26사태와 맞닥뜨렸을 때 초미의 관심은 '포스트 박정희'는 누구냐였다. '서울의 봄'이 잠시 찾아왔었지만 혼란과 반전, 우연과 음모의 단계를 거쳐 새 권력자가 등장했다.

호스니 무바라크도 사다트 대통령의 갑작스러운 서거로 권좌에 오르면서 30년 동안 절대독재자가 되었다. 권력의 역사는 그렇게 진행되었다. 그렇다고 해도 그 끝자락에 되찾고 있는 아랍 자부심 회복은 아랍 세계의 희망가로서 후세까지 길이길이 남을 것으로 예단된다.

2. 아랍인이 벗어나고 싶은 고난의 힘

아랍 역사는 우리에게 기쁨보다는 슬픔에서 단합된 힘이 나온다는 사실을 가르치고 있다. 슬픔이 아랍인들을 하나로 묶어주고 있다. 아랍 역사는 무슬림에게 의무를 심어 주고 있기 때문이다. 그동안 아랍 민초의 아픔은 인고의 연속으로 미래가 보이지 않았기 때문에 더욱 그랬다. 그래서 고난은 힘이 될 수 있었다.

6·25전쟁이라는 고통과 비극이 한국을 묶어 오늘을 만들어 주었듯이 아랍 역시 오늘의 고난이 그들을 단단히 묶어 내일의 더 큰 아랍인으로 만들어 줄 수밖에 없을 터다. 왜냐하면 아랍의 독재자들이 철권정치로 그들의 눈과 입을 막고서 두려움의 대상으로 부귀영화를 대신 얻어낸 결과다.

제인 엘아비디네 벤 알리 튀니지 대통령의 24년이 그렇고, 호스니 무바라크 이집트 대통령의 30년이 그렇고, 무아마르 카다피 리비아 국가원수의 42년이 그렇고, 알리 압둘라 살레 예멘 대통령의 33년이 그렇고, 바샤르 알아사드 시리아 대통령의 11년도 풍전등화에 놓여 있다. 민주화 요구의 열풍이 들불처럼 번지고 있는 아랍 세계는 이슬람의 바다가 되었던 지중해와 아라비아 반도를 거쳐 페르시아 해(海)에 상륙해 결국 마무드 아마디네자드 이란 대통령의 6년까지 위협하고 있다. 이란의 수도 테헤란에서는 요즘 따라 부쩍 "독재자 아마디네자드, 당신도 물러나라"는 민초들의 외침까지 들리고 있다. 이러한 외침은 고난의 역사가 응집되어 큰 힘으로 아랍 젊은 층의 등을 밀고 있다. 스마트시대답게 아랍의 TGiF 세대들이 들고 일어선 것이다. 2011년 2월 11일 권좌에서 물러난 호스니 무바라크 이집트 대통령이 '암살

당했다'라는 말이 나올 정도로 페이스북이나 트위터와 같은 소셜네트워크서비스(SNS)가 MENA 지역의 반정부 시위에서 핵심적 '정보공유의 매개(媒介)' 역할을 하고 있음은 익히 우리가 아는 사실이다.

이제는 중동 시위대들 사이에서 SNS를 통한 시위 매뉴얼 공유까지 일상화되고 있다. 실제로 카이로와 튀니스에서는 시위 상황뿐 아니라 경찰의 검거를 피하는 방법을 비롯하여 바리게이트 쌓는 법과 고무총탄 피하는 방법 등의 정보까지 페이스북과 트위터를 통해 공공연하게 퍼져가고 있다.

■ 페이스북·트위터는 시위 매뉴얼이 되고

호스니 무바라크 이집트 대통령이 권좌에서 물러날 당일에 인터내셔널헤럴드트리뷴(IHT)은 이렇게 헤드라인을 뽑았다.

'페이스북과 트위터는 시위 매뉴얼이 되다.'

여기에 그치지 않고 카이로 시위대들은 알제리 수도 알제에서 수천 명이 시내 중심부에 있는 5·1광장에 모여 압델 아지즈 부테플리카 알제리 대통령의 퇴진과 정치개혁을 요구하는 시위대에게 '최루가스 살포에 대비해 식초나 양파를 스카프 밑에 넣으라'는 조언을 서슴지 않았다. 그러자 정부는 알제리 내에서의 인터넷 접속을 전면 차단하고 페이스북 계정도 삭제하는 등의 조치에 나섰다.

우선적으로 아지즈 부테플리카 정부는 휴대폰과 인터넷을 통해 정보를 주고받으며 게릴라식 시위를 벌이는 것을 막기에 급급했다. 하지만 이들 지역에서 젊은이가 인구의 절반 이상을 차지하고 있다는 점이 역풍으로 작용했다. 이러한 동인은 인구구조에 잘 드러나 있다. 실제로 25세 이하 인구의 분포도는 이들에게 위협적이 된다. 예를 들면 예멘은 65.4%에 달하고 있고, 시리아는 55.3%이고, 요르단은 54.3%에 이른다. 이집트는 52.4%인 반면 알제리 역시 52.3%에 달한다.

두바이 공공정책 대학원이 발표한 보고서에 따르면 아랍권에서 페이스북 가입자 수는 2010년 1월 1,190만 명에서 같은 해 12월에는 2,130만 명으로 78%나 증가했다. 아랍권 인구구조에서 15~23세의 젊은이의 비중은 3분의 1을 차지하고 있어서 SNS 이용률이 폭발적으로 늘어날 추세라고 전망했다.

따라서 MENA 지역의 민주화 열풍은 이게 끝이 아닌 시작이라는 점이 명백해졌다. 아랍권 독재자들은 뒤늦게 체제 유지를 위해서 젊은 층을 달래기에 부심하는 까닭이 여기에 있다. 최근 압둘라 빈 압둘아지즈 사우디아라비아 국왕이 펼친 1,980억 달러 상당의 민생달래기 선심정책도 여기에서 비롯된다.

■ 아랍 민주화 혁명의 두 가지 충격

아랍 민주화 요구는 놀라운 사건이다. 몇십 년 동안 표면적인 안정에 길들여진 독재자에게만 놀라운 게 아니다.

첫 번째 충격은 MENA 지역 젊은이 사이에서 '우리가 아랍 역사의 주역이 될 수 있다'는 자부심 확보를 통해 두려움이 없어진 점이다. 지천에 깔려 있는 비밀경찰에 의해 일상생활이 지배받던 암흑의 세상에서 독재자의 몰락은 그야말로 신선한 충격 이상의 활력소로 등장한 것이다. 무기는 고작 500g 미만의 휴대폰과 노트북이지만 정부군의 전차와 같은 위력으로 둔갑되는 효력이 발휘함에 스스로 놀랐다. 물론 밑바닥에는 벗어나고 싶은 고난의 힘이 절대적 가치와 능력으로 무장시켰지만 이러한 힘은 민중의 자각과 반항에서 가능한 역사적 역동성에서 비롯되었다. 분명 여기에는 대학교육을 마치고도 마땅한 일자리를 구하지 못한 청년 백수들의 고통과 고민이 활화산처럼 폭발하는 기폭제로서 그들을 민주화 혁명의 대열로 몰고 간 것이다. 어찌 보면 기성세대에 대한 저항이고 동시에 기성 정치인에 대한 반항이다. 이제 그들은 변방의 조역이 아닌 민주화 혁명의 주역으로서 당당하게 민주화를 노래하고 정부를 향해 민주화를 제안하는 데 앞장설 수 있었다.

두 번째 충격은 강고한 독재는 안정된 체제라는 잘못된 등식을 바탕으로 대 아랍 외교를 폈던 서구 모든 나라들에게 던진 일이다. 아랍을 문명 간 충돌의 패러다임으로 이해하고 문명 내 충돌을 내다보지 못한 서구 엘리트에게도 무척 놀라운 일이 아닐 수 없다. 하지만 아랍은 오래전부터 고난의 씨앗을 품고 있었다. 이 씨앗은 존재 자체를 까맣게 몰랐던(un-known to known) 것이 아니라 언젠가는 나타날 것으로 인지했던 불확실성(known to un-known)이었다. 역사적인 관점으로 보면 무릇 모든 혁명은 그렇게 찾아오기 마련이다. 억눌러 있던 고난의 힘에 의해 변화의 압력으로 임계점에 이르면 엄청난 폭발을 일으키게 된다. 베를린 장벽이 무너진 후의 세계화라든가 소련(지금의 러시아)의 붕괴도 그렇다. 이를 대비시켜 보면 2008년 9월의 미국발 글로벌 금융위기도 여기에 포함된다. 중요한 것은 고난의 씨앗을 꿰뚫어보는 눈이다.

아랍의 독재자들을 몰락시킨 고난의 힘이야말로 원천은 속박을 거부하는 인간의 보편적인 자유의지에 다름이 아니다. 하지만 오랫동안 억눌려 있던 민주화 열망을 일깨운 것은 일자리와 빵을 얻지 못하는 대다수 민초의 경제적 고통이었다는 점은 더 인간답다. 이들에게 힘을 보태준 것이 고맙게도 지금과 같은 SNS 기반의 모바일 생태계를 형성한 정보통신기술(ICT)이라는 점은 이제 세기적인 빅뉴스가 되고 있다. 이것이 '아랍의 봄'으로 발전한 2011년 2월 튀니지발(發) 재스민 혁명의 도구로 아랍인에게 숨죽이고 살았던 과거를 보상받아야 한다는 공감대가 작용한 결과다. 그래서 도둑맞을 수 없는 튀니지의 젊은 노점상 무함마드 부아지지는 이 단초의 주인공이 되었다.

3. 이슬람 바다로 거듭난 지중해

1453년 5월 29일.

이날은 아랍 역사에 지중해라는 단어가 새로운 키워드로 등장하는 날이다. 지중해 역사의 한 분수령을 이루는 날이기도 하다. 21살의 불타는 야심을 가진 오스만 제국의 술탄 마흐메드 2세가 서양의 자존심이자 기독교 신앙의 중심지였던 비잔티움 제국의 콘스탄티노플을 점령하게 되었다. 오스만 제국은 지중해를 건너 유럽지역으로 진출하며 새로운 만남과 아픈 기억을 동시에 잉태하게 되었다.

비잔티움 제국의 멸망으로 유럽은 중세(中世)를 마감하고 근대(近代)로 접어들면서 지중해의 주인도 바뀌었다. 결국 지중해는 이슬람의 바다로 거듭나게 되었다. 이를 통해 7세기 초 사막의 오아시스 도시 메카에서 완성된 이슬람은 지중해를 만나면서부터 비로소 세계 종교로서의 위상과 번영을 기약하는 동기부여를 받아냈다. 오스만 제국은 유럽과의 전방위적인 교역과 전쟁을 통하여 이슬람 문명을 전파하고 유럽 문명을 배웠다. 이는 '근대사의 가장 역동적이고 생생한 접속의 현장'이 되었음을 의미한다. 특히 에게 해(海)를 끌어안은 동부 지중해는 오스만 제국의 영광과 몰락을 공유한 공동운명체적 역사를 살았다.

이렇게 아랍민족의 번영과 쇠망을 번갈아 가졌지만 이슬람이라는 종교와 아랍어라는 동질성 확보는 아랍 세계만의 자랑이고 그들만의 자부심이 되었다. 그래서 세계에서 유일하게 아랍 세계가 같은 종교와 같은 언어를 지닌 점은 옛날 영화를 승계하는 명분으로서 으뜸이 될 수밖에 없다.

이러한 아랍권의 문명사학적인 특성 때문에 정변이나 혁명이 발생할 경우 그 영향력이 급속히 이웃 국가로 파급되는 경우가 종종 벌어지고 있었다. 예를 들면 1979년 초 이란에서 호메이니가 이끄는 이슬람 혁명이 성공하자 아랍 세계의 이슬람주의자들이 크게 고무되었다. 그 결과 같은 해 11월에 사우디아라비아에서는 극단적인 와하비주의자(이슬람원리주의자)들이 메카를 점령했다. 이 때문에 사우디는 오늘날까지 폐쇄된 쇄국정책에 대한 명분론으로 일관된 외교를 지탱할 수 있었다.

1981년 이집트에서는 한 이슬람 과격 단체가 사다트 대통령을 암살하는 사건을 일으켰다. 물론 이 지역에 분포된 석유와 천연가스에 대한 이익개입이 필요한 서구 세력과 석유 메이저들에 의한 합작전략에 따라 모반과 반란이 끝이지 않았다. 이들은 심지어 이를 통해 각종 무기까지 팔았기 때문에 이를 서구 민주주의의 병폐로 인지하는 데 동의한 부분도 없지 않았다.

■ 이유가 있는 민주화 요구

다시 반복하지만 지금의 MENA 지역에 들불처럼 번지고 있는 민주화 요구는 끝이 아니라 시작이라는 점에 또 다른 설득력을 제시한 이론적 배경을 읽게 한다. 그래서 무함마드 부아지지의 죽음이 나비효과를 일으켜 아랍 세계를 바꾸어 놓고 있다. 역사는 우연한 사건을 계기로 물줄기를 트는 경우가 왕왕 있어 왔다. 민주화 열기를 통한 지금의 아랍지역에서 민심의 급류에 철권정치의 독재자들이 휩쓸려 가는 현상은 우연이나 기적이 아니라 역사의 필연이 되고 있다.

오일머니를 독점하고 있고 여기에 기식한 부패의 세력을 비롯하여 민주선거의 부재와 높은 물가고, 그리고 일자리를 구하지 못한 젊은

이의 좌절은 들불에 석유를 뿌리는 형국을 연출했다. 가장 성이 난 세대는 청년층이었다. 과거의 젊은 층은 자신의 요구를 터뜨릴 유일한 출구를 이슬람원리주의 단체에서 찾았다. 왜냐하면 이슬람 신자인 무슬림은 그들의 예배당 모스크는 탄압의 손길로부터 비교적 안전한 장소였기 때문이다. 그러나 2011년 아랍 세계의 젊은 층은 다르다. 고등교육에 의한 그들의 마인드는 서구 젊은 층과 세계화된 인식의 바탕에다 소셜네트워크서비스까지 흡수하는 등 열린 서구 세대와 하등 차이가 없다. 이들은 무엇보다 디지털 문화에 익숙하고 이를 일상에서 활용하는 데 달인이 된 것이다.

현재 아랍 세계에서 전체의 평균 인터넷 사용 인구는 28.3%에 달하고 있다. 휴대폰의 보급이 크게 확대되면서 이집트의 경우 전체 인구 가운데 76.8%가 휴대폰을 소유하고 있고, 프랑스 문화를 일찍 수입한 튀니지는 전체 인구에서 18%가 페이스북을 사용하고 있다. 이처럼 아랍 세계의 젊은 층은 인터넷과 휴대폰 덕택에 원하는 시간에 뜻을 같이하는 친구를 만나 거리낌 없이 사회적 부조리와 불만을 폭로할 수 있는 안전한 가상공간을 만들 수 있었다. 이렇게 형성된 가상공간은 신뢰를 잃은 정부에 대한 분노와 불만으로 가득 찼다.

그런데도 아랍 세계의 독재자들은 민주선거제도를 아예 외면하고 체제유지용으로 오일머니의 일부분을 그들 교육에 투자할 뿐이었다. 또한 정치적 자유를 제한당한 그들에게 먹고사는 문제를 해결해 주기로 했던 정부까지 믿을 수 없는 상황으로 발전했다. 이러한 불신과 소통의 문제가 심각하게 사회적 문제로 확대되면서 아랍권 정치세력에 대한 개혁이 필요함을 절감했고, 동시에 그들은 자신의 목숨을 담보하는 데 앞장을 선 것이다.

▪ 아랍권을 뒤흔드는 세기의 대사건

이제 결과와는 전혀 관계없이 지중해를 끼고 있는 아랍 세계는 재스민의 봄에 의해 큰 파장을 일으키고 있다. 대명천지의 세계가 존재하는 21세기에도 아랍권은 민주화의 예외지대이나 마찬가지였다. 탈(脫)냉전을 전후해 남미와 동유럽을 비롯한 아프리카 여러 나라들까지 민주화 대열에 합류했지만 아랍 세계만은 이 흐름에 비켜나 있었다. 같은 종교와 같은 언어의 동질성에 의해 형성된 이슬람의 문화적 관계가 우선시되면서 이슬람 문명의 편견으로 이해했었다. 그래서 아랍권의 민주화는 어렵다는 것이 서구의 지배적 인식이 되었다. 이런 서구의 맹점은 석유 자원의 안정적 확보를 위해 이슬람 극단주의의 득세는 반드시 막아야 한다는 아랍권의 전제정치(專制政治)에 눈과 귀를 감는 배경이 되었다.

여기다가 아랍의 독재자들은 이슬람 극단주의자들을 근절시킨다는 핑계와 이유로 반대세력을 철저하게 탄압했다. 이런 아랍권의 정치와 문화의 편견, 오해와 서구의 묵인을 깨뜨린 것은 들불처럼 일고 있는 시민혁명의 최대성과가 된다. 이러한 아랍권 민주화 성과가 현실화되면 이는 중동질서를 근본적으로 뒤흔드는 '세기의 대사건'이 될 수 있다. 하지만 민주주의가 발달된 서구 국가에서는 국민의 분노가 선거와 정당, 국회와 언론 등의 분출 통로를 통해 해결할 수 있기 때문에 국가를 뒤흔드는 빅뱅으로 이어지지 않는다. 다소 민주화 비용이라는 대가를 국민 세금으로 치르기를 반복하지만 민주주의가 모든 정치체제의 종착역이 될 수밖에 없는 이유는 민초의 불만을 뿜어내는 굴뚝 기능이 항상 작동하고 있었기 때문이다. 따라서 역사가 필연의 소산이라면 이슬람 바다로 거듭난 지중해의 과거도 어쩜 지금의 민초들에게 희망가를 부르는 대항해의 초대 장소였을 것이다.

4. 알리 아크바르

지중해 역사는 시공간을 거치면서 나일 강을 닮아 유유히 흐르고 있다. 사하라사막 이남에서 발원한 나일 강의 흐름은 결국 지중해로 모아지듯 1869년 수에즈운하가 개통되었다. 지중해가 아랍의 바다로 거듭난 해로부터 416년 만인 1869년의 일이었다. 그동안 지중해도 아랍권의 일상과 서구의 근대화와 겹치면서 그렇게만 흐르고 있었으나 수에즈운하의 개통으로 지중해 위치는 일변하여 다시 세계에서 가장 분주한 항로(航路)가 되었다. 그러자 영국은 수에즈운하의 주식을 사들여 경영권을 확보하고 동시에 이집트를 보호국으로 만들고 키프로스를 식민지로 삼는 등 지중해의 전략적 거점들을 차례로 장악했다. 프랑스도 이에 질세라 마그레브로 불리던 북아프리카의 튀니지와 알제리와 모로코를 차지한다. 이탈리아 역시 리비아를 획득하지만 영국의 제해권에 심각한 위협이 되지는 못했다. 이들 3개 나라가 지중해의 주인공으로 등극함과 동시에 제1차 세계대전이 일어나면서 지중해는 다시 전략상 요지가 되어 전 세계의 이목을 집중시켰다.

지금은 2011년 재스민 혁명으로 시작해 리비아 방공망 파괴 등으로 야기된 지중해의 지각변동이 다시 펼쳐지고 있다.

■ 아싸비야의 세계

아랍어로 '해가 지는 곳'이라는 의미의 마그레브(Maghreb)는 아침 해가 뜨는 이집트의 카이로에서 보면 그렇게 이름이 붙게 된다. 반면 마그레브에서 보면 이집트는 해가 뜨는 의미의 마슈리크(Mashriq)로 볼 수 있다. 그래서 지금의 지중해와 아라비아 해(海)에 걸쳐 있는 아랍권 국가들은 중동지역이라는 정의에 거부감을 지니고 있다. 차라리 민족개념의 '아랍'이라든지, 종교개념의 '이슬람'이라든지, 금융개념의 '수쿠크'로 정리하길 원하고 있다.

중동지역(Middle East)은 서구인들이 자신과 대비되는 개념의 동구로 구분하기 위해 백과 흑의 이분적 사고에 따라 지칭한 결과로 이해하면서도 이를 탐탁지 않게 여기고 있다. 아랍세계에 대한 가장 풍부한 지식을 처음으로 체계적으로 정리한 역사학자 이븐 바투타(1332~1382년)는 가장 단순한 사회 유형이 사막과 산악 지역의 부족사회로 구분했다. 조직화된 권력기반을 갖고 있지 않는 이들에게 스스로 안정적인 정부나 도시를 만들고 고급문화를 가꿀 수 있는 능력은 없다. 그것이 가능하려면 절대 권력을 지닌 통치자가 요구되고 이를 위해 가장 필요한 것이 '아싸비야(assabiyya-집단 연대의식)'가 있는 추종집단이다.

칼툰은 강력한 '아싸비야'의 추종집단이 있으면 쉽게 왕조를 결성할 수 있고 또 통치가 안정되면 자연스럽게 많은 인구를 가진 도시와 화려한 생활방식과 고급문화를 꽃피울 수 있다고 보았다. 이븐 바투타의 관점을 빌려서 살펴보면 7세기 중반 아라비아반도 서쪽 메카에서 알라의 계시를 받은 무함마드와 추종자들은 그 계시를 '꾸란'으로 집대성했고 결국 이슬람이라는 종교를 탄생시켰다. "일반적인 조건이 변하면 그것은 마치 만물이 변하기 마련이고 동시에 온 세상이 바꾸는 것과 같다"는 이븐 바투타의 말처럼 이들은 단순히 전도에 그치지 않고 군사원정을 감행해 지금의 이란인 페르시아 전역과 북아프리카, 그리고 스페인까지 아우르는 대제국을 건설했다.

10세기에 이르기까지 이슬람제국은 유대교와 기독교 등 다른 종교와 공존하며 아랍어가 널리 쓰이기 시작해 문화와 법학, 종교와 신화의 중심언어로 발돋움하였다. 우리가 잘 알고 있는 이슬람 교리와 사상도 신앙증언으로 시작해 예배와 희사금, 라마단과 메카 순례 등 '이슬람 기둥'으로 불리는 다섯 가지 실천덕목과 이슬람 율법 '샤리아'가 완성되어 이를 무슬림들은 종교적 의식화에 따라 일상 속에서 지키고 있다.

■ 카이로의 칸 엘 칼릴리 시장

실제 1400년의 아랍세계를 이해하기 위해서는 무슬림의 생활터전인 시장을 찾아가면 쉽고 이해가 빠른 그들만의 세계를 제대로 이해할 수 있다. 서구인들이 자신과의 구분을 위해 정의한 중동(中東)의 대표적인 시장은 이집트 카이로에 있는 칸 엘 칼릴리 시장을 빼놓을 수 없다. 이집트 카이로는 기원전 고대에는 세계의 중심지였다. 전성기에는 북쪽으로 지중해 연안과 남쪽의 수단, 서쪽으로는 나일 강 건너 지금 마그레브의 리비아, 동쪽으로는 유프라테스 강에 이르는 영토를 거느렸던 대제국이었다. 파라오의 피라미드와 웅장한 신전이 화려했던 이집트 문화를 대변하고 있지만 당시 번성한 과거는 '칸 엘 칼릴리(Kahn el Khalili)' 시장에서 찾아볼 수 있다.

이집트 수도 카이로 시내 동쪽 이슬람지구에 있는 이 옥외시장은 지금으로부터 630년 전인 1382년에 정식 개설된 세계 최초의 견본시장이다. 당시 오스만 터키 시절의 총독 맘룩(Mamluk)의 이름에서 유래한 '에밀 자칼 엘 칼릴리'에 의해 세워져 지금의 이름이 붙었다. 여기서 '칸'은 시장이라는 뜻이다. 카이로에서 유명한 재래시장으로는 규모가 가장 큰 알 아바타를 비롯하여 가족용품을 많이 파는 아빠세이야와 칼 등 금속제품을 파는 다룸 알 아흐마르가 있다.

■ 아랍의 후예들

이집트 카이로의 타흐리르 광장에 모인 수천 명의 민초들은 4월 13일(현지시각) 이집트 검찰이 무바라크 전 대통령과 가말·알라 등의 두 아들을 구속한 이후에도 '혁명의 금요일' 행사에 참석하고 있다.

이집트 군부에 대한 무언의 시위다. 나세르를 비롯하여 사다트와 무바라크로 이어지는 위정자들이 그랬던 것처럼 혹시나 군부에서 새로운 통치자를 만들어낼 것에 대한 무언의 시위다.

무바라크는 시위대에 유혈 진압을 지시하고 부정축재를 한 혐의로 올해 3월부터 아들과 함께 검찰에 소환되어 조사를 받고 있다. 이집트 관영 신문매체 알아흐람은 "무바라크는 조사 도중 심장문제로 병원에 입원했다"고 전하고 있다. 그러나 일부 카이로 시민들은 병원까지 몰려가서 "여기 잔인한 살인자가 있다"고 적힌 피켓을 들고 시위를 벌이고 있다. 물론 그들의 입에는 어김없이 "알라 아크바르(신은 위대하다)"를 외치면서.

2 아랍의 물음에 서구는 답할 차례다

1. 아랍의 봄은 월가의 가을을 거쳐 민주화로 영글고

튀니지의 벤 알리, 이집트의 무바라크를 단숨에 권좌에서 밀어내고 리비아의 카다피를 고향 시르테의 배수관에서 황금권총을 손에 쥔 채로 이승을 등지게 만든 아랍의 봄은 월가의 가을을 거치면서 이제 민주화는 영글고 있다. 우선 MENA 지역의 모든 독재정권을 압박하고 있는 민주화 열기를 우리는 '제4의 물결'로 가늠해서 지켜보고 있다. 이를 확인하듯 버락 오바마 미국 대통령은 '오디세이 새벽'을 통해 리비아 영공을 향한 나토 연합군에 합류했다. 전임 미국 대통령인 조지 W. 부시의 이라크와 아프가니스탄을 비난하며 대통령직을 거머쥔 오바마가 결국 무아마르 카다피 리비아 국가원수를 겨냥한 중동의 3번째 전쟁을 시작했다.

리비아 공습의 참여는 오바마가 평화의 중재자에서 전사(warrior)

로 변신하는 결정적 전환점에 서게 되었음을 의미한다. 2011년 3월 19일의 일이다. 실제로 유엔의 비행금지구역 설정 이후 오바마는 20시간 동안 침묵했다. 오바마가 침묵한 이유는 미국 국민에게 중동에서의 또 다른 전쟁을 어떻게 설명해야 할지 고민한 결과로 이해된다. 미국에서는 이라크와 아프가니스탄 전쟁에 대한 회의론이 사라지지 않고 있다. 사상 최대라는 미국의 재정부채는 눈덩이처럼 불어나고 있다. 미국이 '유엔 연합군'이라는 형태로 하나의 전쟁에 발을 담근다는 사실이 오바마에게는 큰 부담이 아닐 수 없다.

■ 서구가 답하는 민주적 가치

미국은 '오디세이 새벽'의 참여를 기점으로 해서 부시의 이라크와 아프가니스탄 전쟁과는 명분부터 다르다. 이제 허구로 밝혀졌지만 이라크 전쟁은 대량살상무기라는 점을 들었다. 반면 아프가니스탄 전쟁은 9·11테러가 명분이 되었다. 그러나 리비아 사태는 미국 영토나 국민에 직접적인 위협요소와는 관계도 없고 동시에 피해마저 없다. 이를 두고 독일 슈피겔은 "오바마 대통령이 국민에게 리비아 군사개입의 이유라고 밝힌 '민주적 가치'와 '국민의 요구'는 부시의 전쟁 명분과는 근본적으로 다르다"고 밝혔다. 이 언론매체의 지적을 인식한 듯 오바마 대통령은 "일련의 군사적 행동은 제한적이다. 동시에 지상군 투입은 없다"고 주장했다. 군사적 행동에 대해서도 카다피를 군사적으로 축출하는 게 아니라 "리비아 국민을 보호하는 것이다"라고 강조했다. '대의에 동참'하는 것이지 미국의 독자적인 판단에 따른 행동이 아니라는 취지로 명분론을 대신하고 있다. 그래서 워싱턴포스트는 "미국이 과거 군사행동 때와는 달리 이례적인 겸손(humility)을 보이고 있다"고 평가했다. 거듭 슈피겔은 "리비아 사태가 장기화하면 미국의 역할도 확대될 수밖에 없을 것이다"라고 전망했다. 더욱이 오디세이 새벽을 통해 프랑스가 공습의 선봉에 선 것은 자국의 정치적 이해와 맞아 떨어졌기 때문이라는 분석이다.

2012년 대선을 앞두고 인기가 땅에 떨어진 상태인 니콜라 사르코지 대통령은 리비아 사태를 국민의 지지 결집의 기회로 이용해 자신의 리더십과 용기를 보여주려는 것으로 파악했다. 아랍의 물음에 서구가 답할 조건과 명분에서 오바마 대통령의 리비아 사태 개입은 일파만파로 확대되는 추세보다는 향후 MENA 지역의 군사적 교두보 구축 성격이 짙다.

■ 오디세이 새벽은 쉽게 오지 않는다

지난해 3월 19일 발발한 '오디세이 새벽'은 미국이 유엔 안보리 결의안 1973호에 따른 대(對)리비아 군사행동의 작전명이다. 프랑스와 영국이 동참해 일제히 시작된 나토군의 행동반경은 당초 논의되었던 비행금지구경 설정과 집행을 넘어 이제 카다피 관저와 지상군 사기지에 대한 공격을 포함한 항만 봉쇄 등으로 이어졌다. 결국 리비아 정권의 반인륜적 범죄로부터 무고한 시민을 보호하다는 명분은 아무리 강조해도 지나침은 없을 터다.

1988년 팬암 여객기 폭파사건 등 민간인을 대상으로 하는 테러를 배후에서 조종하는가 하면 민주화를 외치는 비무장 국민에게 무차별 사격을 가한 카다피의 행위는 국제사회가 용납할 수 없는 선을 넘어선 지 오래다. 문제는 카다피 정권이 살아남고 리비아 시민군이 패퇴할 경우, 이는 다른 아랍국가 민초들에게 크나큰 좌절과 분노를 안겨

주게 되는 결과로 이어질 것이라는 점이다.

여기다가 성공 가능성에 대한 신중하고 면밀한 검토가 없었다는 점은 옥에 티로 남는다. 왜냐하면 부족 체제와 사막이라는 리비아 국토의 조건으로 볼 때 공습과 병행해 지상군 투입에 의해서 군사적으로 소기의 목적을 이룰 수 있기 때문이다. 그러나 지상군 투입에 대해서는 주요 참전국가들 사이에도 견해가 엇갈리고 있다. 미국 역시 지상군 투입에 대해 신중한 입장을 견지하고 있다. 이라크와 아프가니스탄에 이어 리비아에 제3의 전장(戰場)을 만들 필요가 없어서다.

'정의로운 전쟁론'은 득이 실보다 크다는 확신이 설 때 개입하라고 가르치고 있다. 근본적으로 군사행동이 과연 순수한 의도로 이루어지고 있는지에 대한 의구심이 일각에서 제기되고 있다. 벵가지에 근거하고 있는 시민군이 순수한 민주저항 세력이라면 나토군의 군사개입이 정당화될 수 있지만, 이들이 사누시 왕조를 부활시키고 키레나이카 지역의 독립을 획책하는 분리주의자 세력일 경우 군사개입의 공정성 시비에서 벗어날 수 없게 된다. 리비아 내전에 뛰어들어 특정세력을 편드는 꼴이 되기 때문이다.

■ 리비아의 저유황저질유 석유에 대한 유혹

프랑스를 비롯한 유럽연합 국가들이 리비아에서 수입한 석유는 저유황저질유다. 아라비아 만에 위치한 중동지역 산유국의 고유황중질유와 다른 성질의 석유다. 이 때문에 리비아 석유에 의존하던 프랑스로서는 자국 내 석유 비축량이 바닥나면 기존의 석유 정제시설을 아라비아산 석유 정제시설로 곧바로 바꾸기가 어렵다. 프랑스로서는 리비아와의 관계설정에서 지근의 거리에 위치한 지정학적 관점과 함께 석유정치학적 필요성 때문에도 리비아 사태의 해결은 발등에 떨어진 불이나 진배가 없다. 따라서 오바마 정부의 오디세이 새벽 작전 참여는 프랑스와 영국의 등에 밀려서 참전하는 형국으로 전개되고 있고, 동시에 그렇게 마무리되고 있다.

하지만 포스트 카다피 시대가 열리고 동시에 아랍의 봄에 의한 민주화는 이제 월가의 가을을 거쳐 소득과 분배의 양극화로 혼미해진 지구촌에 대신 묻고 있다. 아니, 서구에게 되묻고 있다. 아랍의 민주화에 대한 지원과 지지를 통해 세계 공동 번영의 길로 인도하는 일에서 서구 열강은 다시 세계 평화의 명분론을 축적하라고.

2. 글로벌 금융위기에 따른 아랍 문명의 담론

서구 열강이 아랍세계에게 답하는 두 번째 과제는 새뮤얼 헌팅턴이 제시한 논제를 정리하는 일이다. 일찍이 미국 하버드대학교 정치학자 새뮤얼 헌팅턴은 과거 세계사의 두 물줄기인 냉전체제가 붕괴된 후 서구와 비(非)서구의 경계로 새로운 세력이 형성되어 '문명의 충돌'이 일어날 것이라고 예단했다. 여기에 그치지 않고 세계화가 진행될수록 세계는 개별 문화권들을 중심으로 응집되고 동시에 단합이 가속화된다고 진단했다. 그래서 문명 상호 간의 충돌이 심화됨을 걱정했다.

'걸프 전쟁'에서 영감을 얻어서 제시한 이 역사학자다운 논제는 9·11 테러까지 서양과 이슬람의 충돌로 보게 만들면서 주목을 받았다. 아니 그렇게 인식의 폭을 넓혔다. 특히 미국과 소련(지금의 러시아) 사이에 그어진 냉전이 사라진 뒤에 이어서 발생한 테러리즘을 새로운 적으로 간주하는 미국 보수주의자들에게 열렬한 지지와 주목을 받아냈다. 그러나 2009년 9월 미국발 글로벌 금융위기를 겪으면서 세계는 일의대수(一衣帶水)로 진행되고 있기 때문에 새뮤얼 헌팅턴의 문명의 충돌은 한갓 기우로 판명되었다.

리비아 사태가 장기화되면서 전 세계는 고유가 진행에 따라 되살 아날 듯한 세계경제가 죽을 쑤고 있고 그 여파로 아일랜드에 이어 유럽의 지존인 포르투갈이 구제 금융을 신청하는 일이 발생했다. 이어서 다시 2011년 8월 7일 미국 국가신용등급 감등에 따른 글로벌 금융 위기의 재발에 의한 아랍 문명의 담론이 본격적으로 대두었다.

여기에 대한 촉매로서 리비아 사태에 발을 담근 오바마 정부와 니콜라 사르코지 프랑스 정부는 기독교 문명을 대표하지 않을 뿐 아니라 이집트와 이란이 이슬람 문명을 지도한 것도 아니다. 이들이 본능적으로 각자의 문명권에의 결속을 호소하는 편이지만, 모두가 그들의 호소대로 반응을 하지 않고 있음이 너무나 대조적이다. 자국의 이익과 명분, 그리고 그들이 믿는 종교관에 따라 움직이는 일만이 이를 가능하게 할 뿐이다.

문명(文明)이 결정적 조건이 아니라는 사실은 코소보 사태에서 세르비아에 대해 러시아와 불가리아가 보여준 태도에서 입증되었다. 같은 슬라브족이지만 러시아는 세르비아의 호전적인 태도를 지지하지 않았다. 과거 부시 대통령 시절의 이라크 전쟁에서도 기독교 문명인 프랑스와 독일은 참전하지 않았다.

같은 유교 문화권인 한국과 중국과 일본의 외교관계는 그리 원만하지 못했다. 결국 문명의 충돌이란 강대국이 추구하는 국제정치의 이해관계를 감추려는 의도에서 비롯되었다고 볼 수 있다. 이를 우리는 문명의 공존을 지향하는 시대적 발전으로 보는 이유다.

■ 문화투쟁의 세기

실제로 문명의 충돌은 지금의 MENA 지역에서 보듯이 민초들에 민주화 요구로 분출되는 종교 간 갈등과 부족 간 갈등 등에 의해 폭력적인 사태로 비화되는 것이 사실이다. 이를 불식시키기 위해서는 세계 정치를 문명의 충돌로 해석하는 일이 주목을 받아낸 것이다. 따라서 이러한 주목의 배경에는 새뮤얼 헌팅턴의 시각처럼 가상의 적을 설정하는 서구사회의 이분법적 가정에서 출발했다.

그러나 공산주의라는 적이 사라진 미국은 이슬람 문명권을 가상의 적으로 설정하려는 움직임이 예사롭지 않다. 무슬림 테러리스트가 그 대표적인 케이스에 속한다. 이슬람 문명은 기독교 문명과 다르고 폭력적이고 위험하다는 선입견에 따라 그릇된 정보를 지속적으로 반복해 주입해 왔었다. 이에 대해 이집트의 역사학자 압둘라 아멜은 서구의 열강들이 이슬람에 대해서 '문화투쟁'을 벌이고 있다고 꼬집었다.

이제 이러한 아랍의 물음에 서구가 답할 차례로서 문화투쟁은 단순한 이분법적인 아군과 적, 백과 흑이 아닌 다문화사회의 이웃으로 보아야 한다는 뜻으로서 문화투쟁을 기대하고 있다. 우리가 잘 알고 있듯이 이슬람 문명은 기독교와 한 뿌리이다. 이슬람은 기독교보다 폭력적이지 않으며 위험하지도 않다. 이슬람 교리는 전쟁을 선동하지도 않는다. 종교에 관심이 있는 사람은 이슬람과 기독교가 모두 아브라함의 후손에서 갈라졌다는 상식 정도는 알고 있다.

십자군 전쟁을 일으킨 것은 이슬람 문명권이 아니라 기독교 문명권이다. 9·11사태에서 보았듯이 알카에다는 테러단체다. 하지만 소수의 극단적인 무슬림 테러리스트들이 이슬람을 대변하는 것이 아니지 않은가. 지난 수세기 동안 서양의 산업문명과 정치제도는 동양 사회에 지대한 영향력을 미쳤다. 동시에 서양의 제국주의는 문명화라는 미명 아래 동양을 지배하고 수탈까지 자행했다. 이제 동양은 서양의 단순한 추종자도 피해자도 아니며 스스로의 힘으로 새로운 문명을 만들고 있다. 세계 경제마저 일본에 이어 중국의 'G2' 체제로 변화시키고 있다. 이제부터 동양과 서양이 서로 평화롭게 살아가기 위해서는 깊은 이해와 협력이 필요하게 되었다. 같은 이치로 동양은 아랍을, 아랍은 서양을 아우르면서 문화투쟁까지 불식시켜야 한다. 때문에 앞으로는 다른 문명권의 국가라든가 사회조직이라든가 개인들 사이의 대화와 공존은 인류 평화의 지상목표가 되고 있다.

■ 서구가 직시할 중동사태의 세 가지 문화투쟁

최근 도미노처럼 일고 있는 아랍의 민주화 흐름이 1980년대 말 폴란드 등 동구권에서 일어났던 민주화 흐름과 닮았다. 그러나 장기집권에 대한 민초들의 반발이라는 점에서 공통점이 있지만 기본적으로는 세 가지 측면에서 차이가 나고 있다.

하나, 국제정치와 경제 구조적 측면에서 살펴보면 2차 세계대전 이후 영국이나 프랑스와 이탈리아 식민지에서 독립한 중동국가 가운데 리비아와 같은 산유국은 오일에 의존한 수출 주도형 경제를 키워 왔다. 반면 미국과 소련이 주도한 국제질서인 양극 체제에서 공산 소련 체제에 흡수된 동구 국가들은 계획 경제로 상징되는 공산주의를 경험한 국가들로서 중공업 중심의 산업기반을 형성해 왔다. 중동의 경우 장기집권을 해 온 독재자가 국부를 장악해서 분배를 해 온 것에 비해 동구는 집단 체제에 의한 분배가 이루어졌다.

둘, 2차 세계대전 이전에 역사적 시민의 자주적 혁명 경험에서 동구는 프랑스 혁명 이래로 많은 계몽주의 사상가에 의해서 다양한 철학과 이데올로기적 이념에 노출되어 왔다. 반면 민주화 요구에 휩싸인 중동은 오토만 제국의 통치 아래 놓여 있었기 때문에 이슬람의 종교적 교리인 꾸란 이외에는 다른 인본주의적인 사상이나 철학을 접하지 못한 지역이었다. 더불어 영국과 프랑스와 이탈리아의 서구 제국의 팽창주의에 대한 항거 이외에는 자발적 시민혁명의 예를 찾아보기가 매우 힘들었다.

셋, 국민의 교육 정도 측면에서 중동은 동구에 비해 높은 문맹률(illiteracy rate)을 보이고 있다. 동구 국가들의 식자율(literacy rate)은 99%가 넘는 반면 리비아는 86%를 비롯하여 튀니지 77%와 이집트 66% 등이다. 또 다른 문제는 중동지역의 문맹률에서 많은 차이를 보인다는 점이 추가된다. 오만의 경우 남자 문맹률은 20%이지만 여자는 40%나 된다. 이처럼 여성에 대한 이슬람 사회의 구시대적 잔재와 전형은 민주화를 위한 시민혁명에 장애요소로 작용되고 있다. 이렇게 볼 때 서구가 답할 문명의 충돌은 가능한 한 접고 문명의 공존에 의한 아랍 문명의 담론에 다시 귀를 기울여야 한다.

3. 서구의 중동정책은 이제 바뀌어야 할 때

최근 MENA 지역의 민주화 열기는 시간과 사건이 매우 유기적으로 얽히면서 여러 가지 이상 기류가 형성되고 있다. 우방과 적의 구분이 점차 모호해지고 서구의 접근방법도 다양화되는 추세다. 예를 들면 호스니 무바라크 대통령을 권좌에서 물러나게 했던 이집트는 이란과의 외교관계 복원에 시동을 걸고 있다. 오랜 앙숙이었던 이집트와 이란이 31년 만에 외교관계를 정상화시키려는 움직임이 가시화되면서부터 미묘한 지각변동을 일으키고 있는 것이다.

무바라크 전 대통령 집권 당시 미국과 이스라엘 등의 밀월 관계를 유지하며 이란 봉쇄의 선봉에 앞장섰던 이집트 외교노선이 바꾸어가고 있음을 의미한다. 2011년 4월 4일 나빌 엘아라비 이집트 외무장관은 알리 아크바르 이란 외무장관의 메시지를 갖고 수도 카이로를 방문한 이란 대표 무그타비 아마니와의 정치회담은 많은 것을 암시하고 있다.

■ 미국과 사우디아라비아 동맹 균열 조짐

다른 극적인 변화의 조짐은 미국과 사우디아라비아 사이의 동맹관계가 균열을 일으키고 있다. 그동안 사우디는 1943년 프랭클린 D. 루스벨트 전 미국 대통령과 압둘라 빈 압둘아지즈 사우디 국왕과의 회담 이후 미국과 안정적(cozy) 관계를 오랫동안 유지해 왔었다. 그들은 이에 힘입어 석유를 둘러싼 중동지역 정치를 통제할 수 있었다. 또 그들은 군사적 사안에 협력했고 미국은 사우디에 의존해 다른 아랍국가들을 감독했었다. 그러나 최근 미국은 "사우디와 바레인이 이집트처럼 되지 않으려면 정치개혁이 필요하다"라고 조언을 했지만 사우디는 "정치개혁은 불안만 가중시킨다"면서 미국의 개혁요구를 거부한 것으로 알려졌다.

이번 미국과 사우디의 갈등은 3월 14일 사우디가 같은 수니파인 하마드 빈 이사 알할리파 바레인 국왕을 돕기 위해 1,000여 명의 군인을 동원시킨 것을 미국이 비판하면서 불거졌다. AFP통신에 따르면 오바마 대통령은 지난 3월 16일 바레인 수도 마나마의 시위과정에서 5명이 숨지는 일이 벌어지자 사우디 국왕에서 전화를 걸어 "바레인에서 일어나고 있는 사태에 깊은 유감을 표한다"고 말했다. 힐러리 클린턴 미국 국무장관도 미국 CBS 방송과의 인터뷰에서 "사우디의 파병이 안보문제 때문이라고 말할 수는 없을 것이다"라며 "사우디는 잘못된 방법을 택했다"고 말했다. 사우디가 바레인에 병력을 보내 무력 시위진압을 지원한 것을 비판한 것이다.

뉴욕타임스(NYT)도 두 나라 사이의 갈등이 이집트 시위 때 이미 시작되었다고 분석했다. 실제 미국이 호스니 무바라크 대통령을 포기하지 말라는 사우디의 요청을 거절할 때부터 사우디의 심기가 불편했다. NYT는 아랍권 고위 관료의 말을 인용해 "압둘라 국왕은 무바라크 대통령이 하야했을 때부터 오바마의 말에 귀를 기울일 뜻이 없었다"고 전했다. 압둘라 국왕은 클린턴 국무장관과 로버트 게이츠 국방장관이 방문하겠다고 하자 아프다는 핑계로 거절하기도 했다.

그러나 미국은 사우디에서 캐나다와 멕시코 다음으로 많은 원유를 수입하고 있다. 사우디는 중동지역에서 이란의 영향력 확대를 막아주는 '방파제' 역할도 하고 있다. 이런 이유 때문에 미국이 마냥 사우디를 몰아붙일 수만은 없는 입장이다. 그래서 리비아 사태를 전후해 두 나라 사이에 일어나고 있는 동맹 균열 조짐은 서구가 아랍에 답할 차례가 더욱 분명해졌다.

■ 미국 CIA 요원 브루스 리델의 관점

미국 CIA 요원으로 이집트에서 활동했던 브루스 리델은 그의 저서 『죽음의 포옹(Deadly Embrace)』에서 미국의 중동정책은 이제 바꿔야 할 때가 되었다고 주장했다. 미국 브루킹스 연구소가 펴낸 이 책의 백미는 세계에서 가장 빠른 속도로 핵무기 보유고를 늘리고 있는 파키스탄에서 민주주의가 흔들리고 통제가 불가능한 이슬람 극단주의가 정권을 잡았을 때 발생할 위협을 중점적으로 설명한 대목이다. 리델이 이 책에서 주장하고 있듯이 국제정치는 이상과 현실정치라는 서로 어울리지 않는 두 요소가 뒤범벅되어 나오는 결과물이라고 지적한 대목은 상기할 필요가 있다.

지난 수십 년 동안 미국 정부가 중동국가의 독재정권을 지지한 데는 그만 한 이유가 있을지 몰라도 파키스탄의 과거와 이집트의 현재는 미국이 입으로만 민주주의를 지지하는 모습에서 탈피해 정책노선을 바꿔야 할 필요가 있음을 보여준다. 미국의 역대 대통령들은 위기에 현명하게 대처하지 못했다. 지미 카터의 이란 정책은 처참하게 실패했다. 조지 W. 부시의 파키스탄 정책 또한 효과적이지 못했다.

혁명은 그 성격상 미래를 예측하기 힘들다. 그러나 이집트 민주주의 성장을 원한다면 미국 정부는 혁명보다 훨씬 예측 불가능하고 혼란스러운 상황에 대처해야 한다고 브루스 리델은 요구하고 있다. 격동의 소용돌이를 감당하는 일이야말로 지금 오바마 행정부 앞에 던져진 과제라고 말미에 적은 브루스 리델의 제안과 결론은 곧 미국의 중동정책의 대변혁은 시대적 산물임이 분명해지고 있다.

■ 노벨 평화상을 휩쓴 아랍 문명의 지각변동

여기에 더해서 아랍의 물음에 서구가 답할 세 번째 사건은 지난해 노벨 평화상을 휩쓴 아랍 여성 지성인에 대한 보답과 찬사가 결정적 역할을 담당했다. 엘런 존슨 설리프 라이베리아 대통령을 비롯하여 라이베리아 출신 평화운동가 리머 보위와 예멘 민주화 시위를 이끈 언론인 타와쿨 카르만 등이 그들의 면면이다. 여기에 그치지 않고 노벨위원회 토르비에른 위원장은 올해 평화상 후보에는 튀니지 여성 블로거인 리나벤 메니와 이집트 여성 사이버 행동가인 에스라 압델파타 등을 거론하는 일도 잊지 않았다.

노벨위원회가 내린 아랍 문명인의 평가는 이제 시작에 불과하다. 결코 아랍의 봄이 일과성이 아닌 세기적인 사건이자 지구촌 가족의 로망으로서 한 자리를 차지하고 있음을 방증시킨 사건이자 지각변동의 서막으로 다가오고 있음이 역력하다.

4. 아랍 독재자의 공모자와 꾸란 화형식

최근 우리가 보고 있듯이 북아프리카의 리비아 사태는 종파 간 분쟁에다 부족 간 싸움의 극치가 펼쳐지고 있다. 하지만 이를 역사학적 관점에서 보면 영국과 프랑스와 이탈리아 등의 제국주의가 찢어 놓은 결과물이나 다름없다. 이 지역을 갈등의 무대로 만드는 것은 유럽 열강의 침탈이 근본적 원인이 되었다. 아랍 제국에 큰 충격을 준 것은 1798년 나폴레옹의 이집트 점령이었다. 19세기에 들어서 북아프리카 지역을 시작으로 아랍 이슬람권이 서구 열강에 의해 도미노처럼 쓰러졌다. 이와 같은 서구 지배의 시작은 단순한 정치적 충격 외에 깊은 문화적 충격으로 이어졌다. '신앙심이 없는 자들에게 지배를 받는다'는 종교적 교리는 이슬람 사회의 근간마저 흔들었다. 여기다가 서구 열강들은 이슬람 개혁이 실패하자 대신 지배체제를 공고히 하기 위해 종교를 분파별로 나누고 지역적 부족들까지 다시 분열시켰다. 의도적인 분열정책이었다. '나누어서 지배한다'는 영국 전매특허인 식민지 정책의 복사판이 되었다. 이러한 서구 열강의 분열정책은 후일 조국

근대화를 꿈꾸던 아랍 민족주의 판도까지 지속적으로 영향을 미쳤다.

■ 서구 열강을 본뜬 서구 지식인의 공모 작태

하워드 데이비스 런던정경대학(LSE) 총장은 카다피에게서 재정 지원을 받은 사실이 드러나자 사임했다. 그는 2010년 말에 카다피 리비아 국가원수에게 학사모를 씌워 주기도 했다. 아랍 독재자들과 서구 지식인들이 어떻게 얽혀 있는지를 보여주는 상징적인 사건 중 하나다.

서방 세계는 오랫동안 아랍 대중보다는 아랍 독재자들 편이었다. 리비아의 유명 소설가 히샴 마타르는 최근 자전적 소설『실종의 해부학(Anatomy of Disappearance)』을 펴냈다. 이 소설에 따르면 전직 외교관인 작가의 부친은 1990년 이집트 카이로에서 납치된 이후 소식이 끊겼다. 이들은 부친이 돌아가셨는지, 돌아가셨다면 언제 어디서 어떻게 가셨는지를 알기 위해 백방으로 묻고 다녔다. 리비아 수도 트리폴리 정치범 수용소에서 봤다는 사람 이외에는 만날 수 없었다. 리비아와 이집트 독재자들은 자신의 자리를 지키는 데 서로 협력했다. 서방 세계 역시 이들의 정권을 유지해 주는 대가로 이득을 취했다. 각종 무기 판매와 석유의 수입 등으로 말이다.

리비아는 석유와 천연가스를 앞세워 서방을 유혹했고, 이집트는 한 술 더 떴다. 아랍세계의 소식을 전하는 훌륭한 정보원이 되기도 했고 서방의 목소리를 아랍권에 전하는 대변자이기도 했다. 아랍의 독재자들에게서 영어 '사라지다(disappear)'라는 낱말은 오직 '없애다'라는 뜻의 타동사일 뿐이었다. 카다피 국가원수와 무바라크 전 대통령은 반대 세력을 붙잡아 탄압했고 이것도 모자라 그들의 이름을 영원히 지워버렸다. 붙잡힌 이들은 문자 그대로 사막으로 사라질 뿐이었다. 초라한 묘비명도 남기지 않은 못한 채 말이다. 다만 민주주의와 자유를 신봉한다는 이유로 죽어야만 했다.

카다피 국가원수는 1996년 6월 아부살림 수용소에서 1,000명이 넘는 정치범을 처형했다. 마타르의 아버지도 그중 한 명이었는지 모른다. 마타르는 미국 잡지매체 『더 뉴요커』와의 인터뷰에서 "지금이야말로 서구인들은 자기 손으로 뽑은 각료들이 앞장서 무바라크 전 대통령과 같은 독재자들을 30년 넘게 묵인해 왔다는 사실을 진솔하게 시인해야 한다"고 목소리를 높였다.

■ 꾸란을 소각하는 목사와 분노하는 이슬람 신자

리비아 사태가 발발한 바로 그다음 날인 2011년 3월 20일.

장소는 미국 플로리다 주(州) 게인스빌에 있는 한 교회에서 테리 존스 목사와 웨인 샙 목사는 이슬람 경전인 꾸란의 화형식을 거행했다. 이들은 꾸란을 피고로 모의재판을 진행했고 꾸란에 유죄 판결을 내린 뒤 불을 붙였다. 화형식은 공개적으로 진행되었지만 참석자는 30명도 안 되는 소수에 그쳤다. 존스 목사는 2010년 9월에도 9 · 11테러 9주년을 맞아 꾸란을 불태우겠다고 밝혔다가 미국 오바마 대통령 등 각계로부터 비난이 쏟아지자 화형식을 포기한 바 있다.

이를 텔레비전 뉴스 시간에 시청한 이슬람 신자들은 4월 1일(현지 시각) 금요일 기도회를 마친 뒤 아프가니스탄 북부의 마자리샤리프 지역에 있는 유엔사무소를 습격하였다. 이러한 습격으로 유엔 직원 8명을 포함한 11명이 사망한 사건이 일어나 서구 지식인을 다시 경악시켰다. 자신들의 안전과 자유를 지켜 주고 있는 유엔을 향해 꾸란 화형식의 보복을 자행한 것에 대한 아프간 시위대의 행위는 어떻게 이해해야 할까? 어떻게 대응해야 할까?

이 사고로 노르웨이·루마니아·스웨덴 국적의 유엔 사무직원 3명과 유엔 사무소를 경비하던 5명의 네팔인 경비원, 그리고 시위대 3명 등 모두 11명이 사망하였다. 로저 코언 뉴욕타임스 칼럼니스트는 '아시아 포커스'를 통해 서구 지식인은 아랍인에게 답할 차례로서 그 요지를 이렇게 정리했다. 분명 이러한 정리는 제2장 아랍의 물음에 서구열강이 답할 차례로서 의미심장을 넘어 하나의 가이드라인이 되고 있는지 모른다.

"나는 잊지 않는다. 카다피 국가원수의 무자비함도 기록될 것이고 마타르 아버지에게 생긴 일도 알게 될 날이 올 것이다. 그러니 죽은 자들의 이름을 잊지 말고 어떤 범죄가 언제 일어날지 기록하자. 그리고 서방 역시 독재자의 공모자였다는 사실을 인정하자. 리비아 정부는 언젠가는 진실(眞實) 앞에 무너질 것이다. 그것도 가까운 시일 안에 말이다."

PART 2

민주화 · 빵 · 일자리

■■■ 최근 MENA 지역에서 나타났던 아랍의 봄은 이스라엘과 대치하고 있는 팔레스타인에서도 그대로 재연되고 있다. 페이스북으로 시위대를 모집하고 젊은이들이 앞장선다. 군의 발포로 사상자가 발생하더라도 '비무장'과 '비폭력' 원칙을 지키면서 대응하고 있어서다. 그동안 이 두 지역이 분쟁은 자살폭탄테러를 비롯하여 치열한 시가전과 박격포 사용 등 극단적인 폭력이 만연했던 과거와는 다른 모습이다.

1948년 이스라엘 건국으로 수십만 명이 고향에서 쫓겨난 '대재앙의 날'인 지난해 5월 15일 팔레스타인인 수천 명이 이스라엘을 규탄하는 대규모 시위를 벌였고 결국 이스라엘군과 충돌하여 15명이 목숨을 잃었다. 이 과정에서 팔레스타인 시위대는 아무런 무장을 하지 않았고, 기껏해야 이스라엘 진압군에게 돌을 던지는 정도에 그쳤다. 다만 재스민 혁명에서 보았고 느꼈던 그대로 페이스북으로 시위대를 모집했고 이를 통해 "우리는 아랍의 민주화 시위에 고무되어 있다"면서 비무장과 비폭력으로 일관되게 대응했다. 이번 팔레스타인인의 비무장 시위대의 주역 역시 재스민 혁명의 주도자 그룹인 젊은이들이었다.

내용은 다르지만 아랍의 젊은이들의 요구는 빵과 민주화와 일자리 충족 등이었다. 이 세 가지 요구사항을 아랍의 현대사적 측면에서 조사하고 분석하는 가운데 서구의 사회 질서와 경제 질서를 함께 제시하는 일에서부터 이 책 2부가 시작되었다.

지금의 아랍 민주화 혁명의 주체들이 요구와 서구 열강들이 겪었던 현대사를 교집합시켜 이 세 가지 요구사항의 완수가 그렇게 간단하지 않았음을 여과 없이 개진했고 동시에 제시하였다. 물론 인사이드(아랍세계)와 아웃사이드(서방세계)로 구분해서 이해의 폭을 넓혔고 진정한 민주화 열기가 다른 독재자에게 도둑맞을 수 없게끔 여러 가지 사례를 곁들였다. 특히 과거와 미래는 있지만 현재가 없는 MENA 지역 젊은이들이 공감하는 수준의 사례로서 도시국가 싱가포르와 중국 100만 해커(黑客)와 한국의 S세대 고민을 함께 수록하였다. 분명 여기에는 아랍 세계에 부족한 여권신장과 민주화를 위한 비용(또는 선거비용)의 지불에 따라 성공성이 높다는 현실적 측면을 고려하는 데 소홀함이 없게끔 기술하였다. 예를 들면 민주화에 성공한 남미의 두 나라인 브라질과 볼리비아를 소개해서 벤치마킹 대상 국가로 삼기를 주문하고 싶었다. 결국 인사이드와 아웃사이드의 구분이 필요한 이유가 되기 때문이다.

3 인사이드-빵의 요구

1. 빵이 문제다

30년 철권정치의 이집트 호스니 무바라크 정부가 무너진 타흐리르 광장에서 처음 민초들이 건 요구조건은 '자유'와 '민주화'가 아니었다. '빵'이었다. 2011년 1월부터 불붙기 시작한 이집트 반정부 시위는 원래 빵에서 시작되었다. 거리에 나온 민초들은 처음부터 '무바라크 퇴진'을 걸고 나오지 않았다. "빵을 달라"라는 요구와 외침이 시간이 흐르면서 "자유를 달라"로 바뀐 것이다. 그러나 이집트에서 빵의 요구는 처음이 아니다. 지난 1977년과 2008년에도 대규모 시위와 폭동이 있었지만 그때마다 이집트 정부가 물가를 잡으면서 사태는 잦아들었다. 하지만 이번에는 달랐다. 그 빵 값은 더 이상 정부가 어떻게 할 수 없는 상황이 아니었기 때문에 그렇다. 그래서 그들의 주식인 빵에 부족을 해결해 달라는 가장 기본적인 요구가 확대 재생산되어 결국 '코샤리 혁명'으로 발전한 것이다.

그렇다면 왜 빵이었을까? 왜 빵의 부족을 들고 나왔을까? 왜 빵이 그렇게 절실했을까? 앞의 총론에서 밝힌 대로 지금의 MENA 지역의 삼대 요구 가운데서 첫 번째 요구는 부족한 빵에서 비롯되었다.

■ 원인제공자는 러시아 푸틴

발단은 공교롭게도 러시아였다. 원인제공자로는 러시아의 푸틴 총리였다. 2010년 8월 러시아 푸틴 총리는 밀을 포함한 주요 곡물에 대해 전면적인 수출금지 조치를 취했다. 기록적인 폭염으로 경작지마다 곡물이 말라죽으면서 수확이 급감하자 우선 자기네 곡간부터 걸어 잠가 버렸다. 러시아의 금수조치가 내려지던 당시 이집트의 밀 재고량은 4개월치에 그쳤다. 2010년 연말까지는 어떻게 버티었지만 이 재고량이 소진되면서 빵 값이 급속하게 치솟았다. 이 소식을 듣고 밀을 주식으로 만들고 있는 MENA 지역의 동요는 더욱 컸다. 특히 이집트는 더 그랬다.

이집트는 연간 630만 톤의 밀을 수입하는 최대 밀수입국이기에 더욱 그렇다. 이 엄청난 양의 밀을 이집트는 러시아에서 60%가량 수입하고 있었던 것이다. 이집트 민초들은 아침에 일어나 '발라디'라고 하는 둥글넓적한 빵을 구입하는 것으로 일과를 시작하고 있다. 이집트인에게서 빵은 주식에 해당한다. 빵을 좋아하는 프랑스인들이 하루 130g을 먹는 반면 이집트인들은 3배가 넘는 400g을 먹고 있다. 더욱이 이집트 빈곤층은 빵 말고는 다른 먹을거리가 없기 때문이다.

■ 정책실패 · 기후변화 · 식량무기화 · 인구증가

　또한 러시아를 대체해 밀을 수입해 올 나라가 없었다. 특히 북반구에 내리친 이상기후변화는 국제 밀 값의 상승으로 이어졌다. 이로 인해 이들 정부가 하루가 다르게 치솟는 국제 곡물가격에 따라 '빵 보조금 삭감'을 실시하는 과정에서 민심의 이반이 드러났다. 미국 외교전문지 포린어페어스가 분석한 대로 이들 국가들의 반정부 시위의 공통요인으로 빵 보조금 정책실패를 꼽았다. 이들 지역은 20세기 이후 자신들의 주요 농산품인 밀의 자체생산은 가격과 공급 면에서 한계점에 이르렀다. 우선적으로 서방 정부와 서방 기업들은 자체 생산비에 1/3 수준의 밀 값으로 이 지역시장을 야금야금 점유하는 과정에 의해 자체 생산시스템이 붕괴되고 말았다. 여기에 보태서 인구증가와 주식인 빵의 밀 값이 폭등했고 러시아가 밀수출을 제한하자 인위적인 식량정책은 버티기가 어려웠다.

2010년 최대 밀수입 20개국 가운데 절반이 이 지역이 차지했다. 예를 들면 1위는 이집트이고 4위는 알제리였다. 이라크(7위)에 이어 모로코(8위)와 예멘(13위)이 그 뒤를 이었다. 이들 국가 위정자들은 국민의 불만을 잠재우기 위해 빵 생산업자나 소비자에게 빵 보조금을 지급하거나 가구별로 빵을 직접 나누어주었다. 그러나 치솟는 국제 곡물가격에 의해 밀과 빵의 보조를 감당할 수 없게 되었고 결국 버티기조차 어려워 두 손을 놓고 말았다.

현재 시위가 격화되고 있는 예멘과 시리아에서는 지난 2008년에도 국제 곡물가격 상승으로 국내 빵 값이 급상승하자 소요사태가 발생한 경험까지 가지고 있다. 당시 희생자들은 '빵 순교자(bread martyrs)'로 불렸다. 그리고 2011년 국제 밀 값이 지난해보다 20% 이상 올라 사상 최고치를 기록하였다. 이렇게 식량난이 가중되자 이집트 성난 민초들은 거리로, 광장으로 모여졌고 결국 타흐리르 광장에서 그 역사적 혁명의 완수를 보게 되었다. 이집트의 민주혁명을 지켜본 이웃 중동국가에서 시리아 정부는 2010년부터 검토해 온 '빵 보조금 삭감'을 없던 일로 결정했다. 요르단 왕정은 1억 2,500만 달러 규모의 설탕·밀·쌀·연료 등 생필품 보조금 패키지를 발표하고 있다. 예멘 정부도 2011년 3월 빵 보조금을 늘리겠다고 약속했다.

MENA 지역 가운데 식량정책 실패는 이집트가 대표한다. 미국의 식량지원에 의존해 정권을 유지해온 고대 최대 밀 산지였던 이집트는 1950년대부터 서방의 가격 경쟁력에 밀려 밀을 수입에 의존하게 되었다. 이를 통해 이집트는 구 소련 사회주의 모델을 따라 국민에게 빵을 나눠주는 포퓰리즘 정책을 채택해서 실행했었다. 결국 국내 농가는 피폐일로를 걷게 되었고 대신 부족한 밀은 미국의 식량원조로 해결해서 지금까지 지탱하고 있었다. 그러나 재정악화와 1980년대 무역자유화 조치로 식량안보는 점점 취약해지고 말았다. 2010년 한 해 동안 무바라크 전 대통령은 빵 보조금으로 30억 달러를 풀었지만 역부족이었다. 결국 러시아 푸틴 총리의 곡물 수출 중단조치가 이집트의 30년 철권정치의 하야를 부른 것이다.

최근 세계은행의 발표에 따르면 2010년 한 해 사이에 밀 가격은 69%나 뛰었다. 2010년 6월 톤당 157달러에 불과하던 국제거래 가격은 무바라크 전 대통령의 하야 당시에는 346달러로 급상승하는 가격에 거래되고 있었다. 그래서 이집트의 민초들은 "빵을 달라"면서 타흐리르 광장으로 모여들었다. 이것이 30년 호스니 무바라크 퇴진의 배경에 도사린 민초들이 요구로서 빵의 문제가 얽혀 있었다.

2. 슬픈 곡(穀)소리

이번 MENA 지역에서 들불처럼 일고 있는 민주화 요구의 단초를 제공한 '빵 문제'는 비단 이 지역만의 문제는 아니다. 전 세계적인 과제이고 동시에 우리 모두 함께 머리를 모아 풀어야 하는 현안이다. 굶주림으로 고통을 받고 있는 세계 인구 가운데 50%는 아시아와 태평양 연안 지역이다. 그다음으로 30%는 아프리카 지역이다. 유엔 농업식량기구(FAO)에 따르면 올해 기아 인구는 9억 7,300만 명으로 1995~1997년 평균치보다 18.0% 증가했다. 피해는 아·태지역에 집중되고 있지만 아프리카 지역의 사정도 마찬가지다. 그렇다면 식량위기 원인이 무엇보다 궁금해진다.

곡물 부족은 곡물 수요와 곡물 공급량을 불안하게 만드는 국제적 요인이 맞물리면서 위기가 초래된 것이다. 우선 공급량(곡물생산) 감소는 '기후변화'라는 악재가 주도했다. 최근 국제 곡물가격 인상의 진원지가 되었던 러시아 사례가 대표적이다. 러시아는 지난해 봄과 여름 동안 130년 만에 찾아온 최악의 가뭄과 폭염이 덮친 데다 산불까지 겹쳤다. 당연히 곡물생산이 20%가량 감소했고 전 세계 곡물수출의 15%가량을 차지하는 식량대국의 재난은 세계 곡물시장을 공황에 빠뜨렸다. 함께 들이닥친 고유가의 영향으로 '먹는 기름'이 '연료용'으로 사용되기 시작한 것도 식용곡물공급을 불안하게 만든 요인이 되었다. 특히 식량위기 대처를 명분으로 곡물 대국들이 '식물 무기화' 움직임을 보이는 것도 공급불안을 고착화시키는 원인이 되었다.

러시아가 MENA 지역에 밀수출을 전면 중단한 것을 비롯해 우크라이나도 식량안보를 위해 수출량의 절반까지 축소했었다. 지난 2008년 식량파동 때는 중국 등 14개국이 곡물수출을 금지하거나 제한해 국제시장이 식량수급에 어려움까지 겪었다. 이처럼 다양한 악재로 인해 공급은 불안전해지는 반면 식량을 필요로 하는 세계 인구는 늘고 있다. 유엔에 따르면 세계 인구는 2009년 68억 2,900만 명에서 2050년 91억 5,00만 명으로 40여 년 사이 34%가량 늘어날 것으로 전망하고 있다. 늘어나는 인구에 맞는 충분한 식량을 확보하지 못한 북아프리카 지역의 정세는 불안전해진다. 무바라크 이집트 대통령 하야의 주된 원인이 러시아의 밀수출 중단에 따른 민초들에 항쟁이 좋은 사례다. 하지만 근본적인 곡물가격 불안정은 기후변화에 따른 지구촌 재앙이 가져온 피해임을 인식해야 한다.

■ 한쪽에서는 폭염(暴炎), 다른 한쪽에서는 한파(寒波)

올해 들어 지구의 체온이 130년 만에 최고치로 치솟으면서 한국을 비롯한 북반구는 폭염과 대홍수에 시달렸다. 반면 남반구는 한파가 몰아닥치는 등 세계 곳곳에서 유례가 없는 기상이변이 속출하고 있다. 이러한 지구온난화 추세 속에서 기후변화는 결국 밀 식량의 대란에 주범으로 작용함을 알 수 있다.

최근 한국기상청이 발표한 자료를 도식화하면 이런 점이 여실히 드러나고 있다. 우선 밀농사 대국인 러시아에서는 가뭄·폭염·산불 등에 의한 피해가 있었다. 또한 파키스탄과 중국은 대규모 홍수가 빈번했다. 뿐만 아니라 한국과 일본에서는 폭염이 있었던 것이다. 이를 두고 세계 기상전문가들은 기상이변의 근원적 원인으로 지구온난화에 무게중심을 두고 있다.

유엔의 자료에 따르면 북반구에서는 지난해 1~7월의 지구 평균기온은 20세기 평균치인 14.62도보다 0.68도가 높은 15.3도로, 과학적인 기온 관측이 시작된 1880년 이래 130년 만에 가장 높았다. 남반구에서도 같은 기간 남극 주변 지역의 기류가 기류 관측이 개시된 1979년 이래 가장 강하게 소용돌이를 치면서 남미 대륙 곳곳에 극심한 한파가 몰아닥쳤다. 이 때문에 볼리비아와 아르헨티나 등지에서는 사람들이 저(低)체온 증세로 잇따라 숨졌다. 남미 페루에서는 100여 명이 폐렴 등으로 사망하였고 파라과이에서는 가축 10만 마리가 동사(凍死)했다.

■ 다시 주목하는 엘니뇨와 라니냐 지구 현상

스페인어로 엘니뇨는 '남자아이'이고 라니냐는 '여자아이'를 지칭하고 있다. 남미 해안부터 태평양에 이르기까지 적도 부근의 해수면 온도가 정상 상태일 때보다 6개월 이상 섭씨 0.4도 높으면 엘니뇨라고 부른다. 엘니뇨는 보통 2~7년 주기로 1950년부터 지금까지 20번 발생했다. 반면 라니냐는 같은 기간에서 섭씨 0.4도 낮으면 라니냐 현상의 발생이라고 부른다. 라니냐는 2~4년 주기로 지금까지 11번 발생했다.

이 두 가지 기후변화의 현상이 지구촌에서 발생하면 태평양 전역의 에너지 분포가 달라지면서 지구 대기의 흐름을 변화시켜 세계 곳곳에서 기상이변을 유발시키고 있다. 따라서 이번 MENA 지역이 겪고 있는 밀 파동은 결국 우리 지구촌 사람들이 기후변화 대응과 지구 온난화 방지에 대한 각성을 지구가 요구하는 것으로 이해해야 한다. 더 이상 슬픈 곡(穀)소리를 듣지 않기 위해서라도 이산화탄소 감축 등에 대한 동참과 함께 실천이 중요시되고 있다.

3. 카다피 정부군을 뚫고 WFP는 트리폴리에 식량지원

리비아 사태가 장기화되면서 수도 트리폴리를 포함한 리비아 서부 지역 주민들은 극심한 식량난에 봉착했었다. 이를 위해 세계식량계획 (WFP)은 2011년 4월 19일 트럭을 동원하여 튀니지와 리비아 국경지 대에서 카다피군을 뚫고 식량지원에 나섰다. 모두 8대의 트럭에는

240톤의 밀가루와 9.1톤의 고열량 비스킷이 실렸다. 식량난에 봉착한 5만 명에게 30일 동안 배급할 수 있는 수량이다.

■ 리비아 서부, 식량 첫 전달에 숨통이 트이고

세계식량계획(WFP)이 주도한 이번 식량 수송은 그동안 격렬한 싸움 때문에 국제 구호단체가 접근할 수 없었던 트리폴리를 비롯하여 진탄과 애프린 등 서부 지역 주민들에게 처음 전달되는 식량이라는 점에서 의미가 매우 크다. 실제 리비아 서부 지역 주민들은 부족 간 내전으로 식량이 떨어지고 있음에 불구하고 외부로부터 공급을 받지 못해서 어려움을 겪고 있다. 이에 WFP는 수송로 확보가 가능해지면서 리비아 적십자사를 통해 어린이와 노인 등 가장 취약한 집단에 식량이 전달될 수 있게끔 식량지원에 적극성을 보이고 있다.

우선 WFP가 확보한 수송로를 통해 이어서 세계보건기구(WHO)도 이 통로로 의료지원에 나섰다. 다른 인도적 국제지원 단체까지 가세해서 이 수송로를 통해 구호품을 전달할 수 있게 되었다. 물론 식량지원은 해상을 통해 이루어지고 있었다. WFP는 2011년 4월 7일 시민군이 장악하고 있는 서부 지역의 미스라타 주민에게 600톤의 식량을 전달했다. 이것 역시 4만 명의 주민이 한 달 동안 버틸 수 있는 양이다. 미스라타에서는 그동안 WFP 수송 선박을 통해 다른 구호단체가 보낸 의약품까지 전달한 바 있다. WFP는 복잡하고 위험한 일이지만 굶주리는 사람들에게 식량이 도착할 수 있도록 가능한 모든 방법을 모색할 것이라고 밝혔다.

우선적으로 유엔이 확보한 4,200만 달러의 구호자금을 이용해 내전이 종식되는 날까지 리비아와 주변 국가까지도 각국 주민들에게 식량을 공급할 것으로 알려졌다. 하긴 국제 구호단체들은 이미 3월 초부터 리비아 내 식량사정이 약화를 우려해 왔었다. 리비아는 식량의 90%를 수입에 의존하는 나라일 뿐 아니라 내전을 겪으면서 식량 확보가 원활하지 않을 것으로 예상하고 있었다. 4월 초 리비아를 탈출한 난민들은 우려가 현실이 되었음을 증명시켰다. 난민들은 리비아 내 식량사정이 심각해서 가장 기본적인 밀가루와 식수조차 구하기 어렵다고 전했기 때문이다.

결국 2011년 4월 20일 유엔은 리비아 정부가 수도 트리폴리를 포함해 정부가 장악하고 있는 지역에서 구호단체들이 활동할 수 있도록 허락했다. 이에 따라 구호단체 직원들이 리비아에 자유롭게 출입이 가능해졌다. 그러나 영국 국영방송 BBC는 "교전이 계속되고 있는 지역에서는 싸움이 멈춰야 제대로 구호활동이 이뤄질 수 있지만 리비아 정부는 휴전 의사는커녕 오히려 구호식량에 대한 욕심을 드러내고 있다"고 전했다.

이러한 일은 빵의 요구에 따른 리비아 주민과 민초들에게 기본적인 의식주 해결은 우선적 정책 과제로 남았다. 왜냐하면 리비아를 포함한 MENA 지역의 민초들은 장기적인 철권 독재자 지배에 의해 자유와 해방의 기쁨과는 거리가 먼 미래가 없는 생활에 만족했었다. 따라서 이를 보상받기 위해서는 우선적으로 포스트 카다피 시대가 요구하는 수준에 의한 새로운 정치체제와 경제적 질서가 확립되어 스스로 자유시민이 되는 만끽이 더욱 중요해졌다.

4. 산유국은 해외 농지를 사들이고

아라비아 만(灣)을 끼고 자리를 잡은 걸프협력회의(GCC) 6개국은 고유가 행진에 힘입어 해외 농지 매입에 매우 적극적이다. 튀니지의 '재스민 혁명'과 이집트의 '코샤리 혁명'을 예견이나 한 듯이 이미 상당부분을 농업부문에 투자하고 있었다. 2008년 경우다. 이들 국가는 당시 상반기까지만 해도 배럴당 150달러에 육박하는 국제 유가 급등으로 엄청난 오일머니를 쌓아놓고 있었지만 국제 곡물 가격 폭등과 중동 인구 급증으로 식량 확보에 어려움을 겪었기 때문이다. 지금껏 중동의 식량정책은 풍부한 석유를 수출해 식량을 수입하는 단순한 방식에 머물렀다. 그러나 중동 못지않게 경제발전을 누리고 있는 중국과 인도 등의 곡물 수요 급증으로 '먹을거리'를 안정적으로 확보하는 데 어려움을 처한 것에서 탈피하기 위한 조치가 필요함에 공감하고 있었다.

■ 농작물 글로벌 소싱 시대

이 같은 분위기를 뒷받침하듯 영국 파이낸셜타임스(FT)는 유엔식량농업기구(FAO) 자료를 인용해 이 지역의 2008년을 기준해 곡물 수입 비용이 전년 대비 40%가 많은 226억 달러에 이르고 있다고 보도했다. 이는 2000년에 비해 무려 170%나 늘어난 수치다. 중동지역 국가들은 아프리카와 동유럽 등지를 중심으로 농작지(農作地) 확보에 나서는 글로벌 경영 체제에 나섰다.

빠른 행보를 보이는 나라는 사우디아라비아로 수단과 우크라이나 등과 밀과 옥수수 재배협력방안을 구축했다. 사우디는 국가별로 약 10만ha 규모 농작지를 확보해 이곳에서 재배한 곡물을 자국으로 보내며 남은 농산물은 제3국으로 수출하는 계획도 수립했다. 아부다비와 쿠웨이트는 수단 등지에 농지를 확보하고 식량기지 구축에 나섰다.

■ 아프리카에 식민농장 확산

중동 산유국이 아프리카와 아시아 국가 땅을 빌려 농작물을 재배하는 농작물 경영이 자칫 '식민지 농장'을 부추길 수 있다는 염려가 없지 않다. 자크 디우프 유엔식량기구(FAO) 사무총장은 중동 산유국들이 해외에서 곡물을 재배한 후 자국으로 가져가는 방식은 곡물 생산국에는 별다른 혜택을 주지 않고 해외 농장 일꾼들이 견디지 못할 수준의 노동환경에 놓이게 만드는 경우가 없지 않다고 경고했다. 디우프 사무총장은 식민 농장을 부추기는 주요 원인은 곡물 가격 급등 외에 인도네시아와 베트남 등 주요 식량수출국이 2010년부터 곡물 수출을 제한하고 있기 때문이라고 주장했다.

■ 중국 저장성(浙江省) 상인도 해외농지 확보 참여

최근 중국 저장성 하이닝(海寧) 시의 기업농 주장진(朱張金)은 2007년 3,000만 달러를 투자해 브라질에 20만 무(畝-1무는 666m²)의 토지를 확보했다. 이는 132km²로 여의도 면적의 15.8배에 이르는 규모다. 주장진 기업농주는 이 땅에 밀과 콩을 재배하고 3,700마리의 소를 사육하고 있다. 여기서 재배한 쇠고기와 피혁을 다시 중국으로 들어와 가공제품의 원료로 공급하고 있다. 그는 "농업에 유리한 천혜의 조건을 갖춘 브라질은 경작이 가능한 땅만 150만km²가 넘는다"면서 "카길 등 세계 4대 곡물 메이커가 브라질에서 앞다퉈 농지를 매입하고 있다"고 전했다. 또 그는 "3년 안에 농지를 30만 무로 늘리고 5년 후에는 150만 무까지 확대할 것이다"라고 밝혔다.

중국 경제를 주물러온 저장성 출신의 거농업체들이 세계 각지에서 농지확보에 열을 올리고 있다. 한결같이 중동 산유국이 아프리카와 아시아에서 농지매입을 한 것과 같은 케이스로 해석된다.

최근 중국의 경제전문지 『21세기 경제보도』에 따르면 저장성 거농업체들은 지구촌 곳곳에서 현대판 엔클로저(enclosure) 운동을 전개하고 있다고 전했다. 엔클로저는 중국어로 취안디(圈地)로 15세기 영국에서 영주 등이 공동방목지를 돌담으로 둘러막아 사유화한 일을 일컫는다. 이로 인해 많은 농민이 경작지를 잃고 도시로 흘러들어 하층 공장 노동자가 되었다. 하지만 차이화 저장성 자본투자촉진회 사무국장은 "민영 기업을 일궈 축적된 자본을 해외에 투자해 농지를 확보함으로써 저장성의 부족한 토지와 곡물 등의 생산요소 공급에 공간적 한계를 뛰어넘는 데 도움이 되고 있다"고 평가했다. 이를 요약하면

MENA 지역의 민초들이 요구하는 수준의 빵 문제는 최근 자유와 해방에 의한 시민혁명을 완수하는 과정으로서 기본적인 개인의 요구다. 지극히 당연한 요구일 수 있지만 고유가와 고물가에 고통을 받고 있는 전 세계 빈민층들에 공통된 요구 상항이기 때문에 이를 우리는 심각하게 인지할 수밖에 없을 뿐 아니라 바로 우리의 목소리로 가늠해서 함께 고민하는 모습을 보일 필요가 생긴 셈이다.

4 아웃사이드-빵의 보충

1. 세계 첨단농업에 대한 기대와 이용

유엔의 발표에 의하면 지구촌 가족의 인구는 2050년에 90억 명으로 예상되고 있다. 지금의 70억 명에서 20억 명이 더 늘어날 수 있다는 것이다. 단순 논리로 보아도 늘어나는 인구증가만큼 그들에게 필요한 식량공급은 지금보다 50%가량 늘어날 수 있다는 의미이자 해석이다.

제한된 땅덩어리에서 이처럼 급증하는 수요를 감당하기는 쉽지 않다. 결국 기술개발을 통한 첨단농업 없이는 전 세계적인 식량위기가 올 수밖에 없다. 다행스럽게도 우리는 첨단농업기술을 연구하고 개발하는 영농 메이커들이 존재한다. 그래서 그들에게 거는 기대는 남다르다.

■ 식량위기를 벗어나기 위한 조건

우선 기하급수로 넘쳐나는 인구증가는 아프리카와 아시아 일부 신흥국가에서 그 빈도수가 상대적으로 높다. 이들 나라가 지닌 고민은 대강 두 가지로 요약된다. 식량문제와 실업문제다. 특히 식량문제는 앞에서 살펴본 대로 MENA 지역의 공통적인 국가적 현안이 되고 있다. 그렇다면 여기에 따른 대안과 대응은 있는가? 아니면 없는가? 있다면 과연 어떤 기대와 조치가 있을까? 대응과 기대는 농업기술을 보유하고 관련 기업과 관련 기술에 의한 성과에서 해법을 찾을 수 있다.

실제로 세계 식량시장은 어마어마한 큰 시장이며 다양성도 매우 높다. 이 때문에 아무나 식량위기를 타파하는 첨단농업기술에 도전장을 내밀기는 어렵다. 다만 전 세계 최첨단 농업기술에 의해 글로벌 식량기업으로 우뚝 선 메이저들에게서 나오는 프로젝트 파워가 한 대안이 되고 있다. 전 세계적인 글로벌 농업기업으로는 양대 거목이

버티고 있다. 미국 몬산토(Monsanto)와 스위스 바젤에 기반을 든 신젠타(Syngenta)를 꼽고 있다. 몬산토는 식량위기를 타파하는 기술적 토대가 되는 GMO(유전자 변형 농산물) 분야에서 독보적인 기업이다. 반면 신젠타는 부족한 식량을 위한 꾸준한 기술개발에 높은 점수를 받아서 주목의 대상이 되고 있다. 우선적으로 빵의 보충을 위해서는 신젠타의 영농기술과 대응에 대한 관심은 그래서 매우 높다.

■ 자연재해 핑계를 대지 말라

신젠타(Syngenta)라는 이름은 '통합'을 뜻하는 그리스어 '신(syn)'과 인류 개개인을 의미하는 라틴어 '젠타(genta)'을 합친 말이다. 이를 풀어 써 보면 '우리 모두 다 함께 더 높은 곳을 향하여'라는 다소 거창한 의미가 되는데 인류의 근본산업인 농업기업 네이밍으로는 최적으로 평가받고 있다.

마고 블로엠호프 신젠타 커뮤니케이션 담당자는 세계적인 식량위기를 타파하기 위한 대안으로 첨단농업이 필요한 이유를 간단한 산술적 계산으로 이렇게 설명하고 있다. "제한된 토지에서 늘어나는 식량수요를 충족시키기 위해서는 기술 개발밖에 없다. 현재는 ha당 4명에게 식량을 공급하지만 2030년이면 ha당 5명을 먹어 살려야 하기 때문이다."

신젠타의 식량위기 의식은 곧바로 기업의 존재가치와 직결되고 있다. 급속하게 늘어나는 지구촌 인구증가와 함께 이상기후 현상으로 농업적 근간이 흔들리고 있어서다. 최근 북아프리카가 겪고 있는 식량위기처럼 식량부족 사태는 결국 애그플레이션(Agflation-곡물가격 상승)으로 전 세계적인 경제 난관에 봉착하게 되었다. 마고 블로엠호

프의 얘기를 마저 들어 보자.

"식량위기 극복은 굉장히 큰 도전이며 해결책은 한 가지다. 우리는 식량을 많이 생산해야 한다. 연구에 따르면 2030년까지 현재수준보다 70~100%가량 더 많은 식량이 필요하다. 다행히 인류에게는 식량을 늘릴 수 있는 기술과 경험이 있다." 따라서 극심한 식량위기를 맞고 있는 MENA 지역의 밀가루 문제는 신젠타와 같은 최첨단 농업기술을 보유한 기업에게서 도움을 받을 수 있다.

그러나 신젠타에게도 어려움과 극복해야 할 과제가 많다. 이를테면 점점 세계적인 농사꾼으로 남기가 어려워졌다. 법은 너무나 다양하고 농업인구는 고령화하고 그마저 사라지고 있다. 농사와 관련된 금융업무도 골칫거리고 농산물을 내다파는 것조차 어려워지고 있다. 그래서 최근 신젠타는 '재배자처럼 생각하기(Think Like a Grower)'를 추구하기 시작했다. 직접 해외농지를 찾아가 농업시스템을 전수하고 현지 농업인에게 어떤 문제가 있는지를 찾아서 실천하는 일이 중요함을 간파한 것이다.

이 때문에 현지인과 함께 농업비즈니스에 종사하는 사람까지 아울러 파트너로 만들고 동시에 식량위기를 극복하는 일에서 서로를 보듬는 일을 생각하게 되었다. 이를 위해 신젠타는 두 가지 과제를 설정해서 회사의 힘을 키우고 있다.

하나는 연구개발(R&D)의 극대화를 위한 투자다. 신젠타는 연간 10
억 달러 이상을 R&D에 투자하고 있다. 지금과 같은 식량위기와 미래
식량 확보는 새로운 기술개발에 의해서만 가능하다고 믿고 있다. 최
대 관심사는 교배 부분이다. 이는 더 많은 생산량을 달성할 수 있기
때문이다.

우선 씨앗에 화학물질을 소량 넣어 건강한 곡물로 자랄 때까지 일
절 다른 화학물질을 쓰지 않아도 되는 기술을 확보하기 위해서다. 다
만 신젠타는 여기에다 물 절약을 매우 중요하게 생각하고 있다. 실제
지구상에 존재하는 깨끗한 물의 70%는 농업에 쓰인다. 세계가 식량
을 확보할수록 많은 물이 필요하면서 지구는 심각한 물 부족 상태에

직면하게 된다. 어떻게 하면 더 적은 물로 더 많은 식량을 생산할 수 있을까를 고민한 가운데 얻어낸 접근방식으로 '하이드로 작물(hydro crop)'을 택했다. 이른바 각종 병충해를 방지하고 수확을 배가시키는 작물보호 프로그램이다.

다른 하나는 능력이 있는 인재양성이다. 최근에는 훌륭한 인재들이 농업에 관심이 많아졌다. 2008년 세계 식량위기를 겪은 뒤 사람들은 식량문제가 얼마나 중요한지를 깨달았기 때문이다. 또 바이오테크 등 농업분야 신기술에 대해 매우 흥미롭게 보고 있다. 농업도 산업이기 때문에 젊고 뛰어난 인재들을 확보하면 참신한 아이디어와 우수한 동료들이 자연스럽게 따라 오게 된다. 최근 신젠타는 각국 정부와 유명 대학교와 공동으로 프로그램을 만들어 인재를 확보하고 트레이닝을 시키고 있다. 따라서 극심한 식량난을 겪고 있는 MENA 지역의 젊은이들을 현지 농장에 보내 일자리 창출 차원에서 성취욕 확보 정책으로 활용하는 일을 고민하기 시작했다. 바로 이 점이 세계 첨단농업에 대한 기대와 이용을 주문한 배경설명이 된다.

2. 식량전쟁의 구원투수 몬산토

앞에서 세계 첨단농업을 소개하면서 바이오테크에 흥미가 많은 인재들이 몰리고 있다고 기술했다. 스위스 바젤의 신젠타가 '하이드로 작물'로 세계인의 주목을 받았다면 세계 식량전쟁의 해결사로 등장한 미국 몬산토(Monsanto)는 유전자변형농산물(GMO)의 영농 기업으로 주목과 질타를 고르게 받고 있다. 여기서 주목할 점은 몬산토는 곡물부족에 따른 기근이 미래에 닥칠 것을 예언한 기업이라는 점이다. 반면 질타받는 부분은 "몬산토를 믿어서는 안 된다. 몬산토가 환경과 영세농을 돕는다는 것은 거짓이다"라는 지적이 이어지고 있어서다.

이렇게 세계적인 농업생명공학기업 몬산토만큼 평가가 엇갈리는 회사도 드물다. 하지만 몬산토는 식량전쟁의 해결사라는 찬사로 주목을 받으면서 외부 환경변화에 맞춰 핵심 사업을 발 빠르게 전환한 '변신의 귀재'라고 일컫고 있다. 그렇다고 해도 일부 환경단체로부터 '유전자변형농산물(GMO)'을 만드는 위험한 기업이라는 비난에서 벗어나지 못하고 있다.

■ 몬산토의 꾸준한 변신

몬산토는 1901년 코카콜라에 사카린과 카페인을 납품하는 식품첨가물 회사로 출발했다. 1917년 아스피린 제조에 성공하면서 제약업에 진출했고 제초제 등으로 발을 넓혀 종합화학회사로 변신을 서둘렀다. 그러나 몬산토 경영진은 여기에 만족하지 않고 신(新)성장동력이라며 바이오 분야를 집중 육성시켰다. 대신 화학 분야는 축소하는 경영의 묘를 추구했다. 1980년대 오일쇼크를 계기로 석유화학 분야의 성장에 한계가 있을 것임을 내다본 결정임에 틀림이 없다. 당시로는 도박에 해당한다. 그런데도 몬산토는 멋지게 성공한다. 지금 이 회사는 세계 최대 종자(種子)회사가 되어 시장점유율 23%를 자랑하고 있다.

몬산토의 주력 상품은 종자 중에서도 유전자변형농산물 종자이다. 말 그대로 유전자를 조작해 악천후나 병충해에 잘 견디고 수확량도 크게 늘어나게 만든 종자이다. 자연에서 없는 종자를 만든다고 해서 안정성 논란이 끊이지 않자 그들은 이를 불식시키기 위해 '생명공학 종자(biotech seeds)'라고 부르고 있다.

최근 휴 그랜트 몬산토 회장이 인터뷰에서 밝혔듯이 지금은 GMO 에 발전에 올인하고 있다. 가뜩이나 부족한 세계 식량사정을 감안해 서 경지면적당 수확량을 높이는 일에서 경쟁력을 확보하기 위해서다. 몬산토는 향후 20년간 농산물 수확량을 두 배로 올리는 것을 목표로 삼아 세계 식량의 가용성과 가격문제를 어느 정도 해결할 수 있다고 예상하고 있다. 그래야만 몬산토에 대한 '프랑켄슈타인 푸드를 만드 는 회사'라는 나쁜 이미지를 불식할 수 있다는 판단이 앞섰기 때문이 다. 실제 몬산토는 1996년 GMO를 출시하면서부터 식량전쟁의 구원 투수로서 그 가능성에 높은 평가를 받았다. 하지만 일부 환경학자로 부터 유전자 변형에 대한 비판과 시비가 끊이지 않고 있어 여기에 대 한 미래전략의 수정은 불가피했다. 그렇다고 해도 GMO는 더 이상 이론이 아닌 현실이라는 점에서 새롭게 몬산토를 조명하기 시작했다. 예를 들면 1996년 GMO 경작지는 미국에만 있었지만 이제는 미국보 다 인도에서 더 많은 양의 GMO 면화 종자를 재배하고 있다.

유엔도 찬성하는 보고서를 냈고 바티칸도 동의했다. 유럽의 일부 과학자도 안정성을 인정하고 있다. 이미 25개국에서 GMO를 인정하 고 있다. 필리핀의 경우 예전에는 옥수수 소비량의 25%를 수입에 의 존하였지만 GMO 종자를 재배하면서 자국 내 생산량으로 자급자족 하는 일이 가능하게 되었다.

GMO를 반대하는 일부 학자들의 주장에도 과학적 근거가 없는 것은 아니지만 이집트처럼 밀 농업이 전혀 이루어지지 않는 나라는 GMO가 그 대안이 된다. 2009년을 돌이켜보면 먼저 식량위기가 왔고, 에너지 위기가 뒤를 이었으며 마지막으로 금융위기가 왔다. 매스컴들은 한 위기에서 다른 위기로 옮기고 있다고 소개하지만 모든 문제 자체는 그대로 존재하고 있다. 경우에 따라서 이 세 가지 위기는 서로 연결되어 있다. 농업산업에는 식량을 비롯하여 에너지와 물, 기후변화와 종자 문제 등이 내포된 다원화된 경제구조이기도 하다.

몬산토는 이를 위해 두 가지 이슈에 대한 처방을 내리고 있다. 하나는 곡물가격 문제이고 다른 하나는 식량을 얼마나 확보할 수 있느냐 하는 가용성(availability) 문제이다. 이 두 가지 문제가 현실적으로 좋지 않다는 데 더 큰 문제가 도사리고 있다. 중국과 인도를 비롯한 개발도상국들의 단백질 소비가 매우 큰 폭으로 늘어나고 있는 추세다. 지금부터 2050년까지 요구되는 식량생산량은 지난 1만 년 동안의 생산량과 비슷한 수준으로 파악되고 있다. 여기다가 에너지 문제도 농업에 지대한 영향을 미치고 있다. 바이오 연료를 사용할수록 식량에 쓸 곡물은 점점 줄어들게 된다.

물 역시 심각한 문제로 이미 대두되고 있다. 오늘날 미국에서 사용되고 있는 물의 70%가 농업에 소요되고 있다. 나머지 30%는 공장을 돌리고 커피를 만들고 수영장을 채우고 있다. 그러나 물 부족 현상에서 가장 심각한 타격을 받은 것은 농업이 될 수 있다. 물론 기후변화도 여기에서 배제할 수 없을 터다.

■ 기술 민주주의

최근 몬산토가 GMO를 통한 식량위기 타파를 지향하는 정책에서 큰 이유는 기술 민주주의 달성이다. 농업의 생산성을 높이려면 일반적으로 큰 기계가 필요하고 투자가 뒷받침되어야 한다. 규모의 경제를 이루기 위해서다. 그러나 영세성이 도사리고 있는 점에서는 문제의 소지가 상존하기 마련이다. 인구 대국인 인도의 경우에서 살펴보면 농민의 경작지가 평균 0.5헥타르(1,500평) 정도다. 그래서 그들은 가뭄에 강한 종자를 찾고 있다. 인도 농민들은 몬산토를 통해 미국 미시시피 삼각주에서 사용한 기술이 자신들에게도 이득이 되기를 바라고 있다. 그 대안적 농업정책이 몬산토가 지향하고 있는 종자혁명, 이른바 GMO의 선언이고 동시에 그들이 추구하는 '기술의 민주주의'다. 같은 이치로 이집트를 비롯한 MENA 지역의 식량위기를 극복하기 위해서는 자국의 농토 개발과 함께 외국 현지농업의 활성화에서 해결해야 하는 미션을 인지하기 시작했다.

3. 네덜란드 푸드밸리의 초대

지구촌 소비자의 식량안보를 위한 다각적인 연구와 개발은 지금 이 시간에도 계속되고 있다. 앞의 신젠타와 몬산토가 그들 면면이다. 이들의 공통점은 최첨단농업기업이라면 이번에는 농업생명과학으로 명예와 명성을 확보한 세계 최대의 식품산업 클러스터인 '푸드밸리'의 소개다. 미국 로스앤젤레스 교의의 실리콘밸리가 세계 최대 반도체 단지라면 네덜란드 푸드밸리는 식품 관련 단지로 대비된다.

네덜란드 수도 암스테르담에서 동남쪽으로 85km 떨어진 바헤닝언 시(市)는 인구 3만 6,000명의 도시이다. 그러나 이 소읍에 자리를 잡고 있는 푸드밸리 때문에 세계 농업분야의 관련 인사들의 방문으로 항상 문전성시다. 푸드밸리에는 유럽 최고의 농업대학으로 꼽히는 바헤닝언대학과 관련 연구소(UR), 식품 관련 회사와 식품 메이커 등이 함께 어우러져 있다. 세계적인 식품 메이커인 네슬레를 비롯하여 유니레버와 하인즈 등도 포진하고 있다.

푸드밸리의 식품 관련 종사자는 총 2만 명으로 이 중 1만 5,000명이 연구개발(R&D)에 종사하는 과학자나 기술자들이다. 식품 과학자와 식품 연구원 밀도에서 세계 최고 수준을 자랑하고 있다. 그래서 생긴 등식은 바로 '바헤닝언=푸드밸리'이다. 아니, 그렇게 통하고 있다.

■ 네덜란드 생명과학의 비전

네덜란드 바헤닝언 UR(University & Research center)은 유럽 최고의 농업분야 교육과 연구기관이다. 네덜란드 첨단 농업의 지식을 공급하는 원천과 다름이 없다. 바헤닝언 UR은 국립기관인 DLO와 국립대학인 바헤닝언대학이 1997년 통합되어 설립한 연구기관이다. 한국식으로 따지면 농촌진흥청과 서울생명공학대학이 통합된 격이다. 서로 다른 두 기관을 합쳤지만 성과는 훌륭했다. DLO는 응용연구를 책임지고 있고, 대학은 기초연구에 집중하면서 시너지 효과를 극대화할 수 있었기 때문이다.

네덜란드는 국토 면적이 남한의 절반도 안 되지만 세계에서 미국 다음으로 농산물 수출을 많이 하는 농업 선진국가이다. 네덜란드 농업 및 식품 생산액은 전체 국내총생산(GDP)의 10%인 480억 유로에 달하고 있다. 이 가운데 절반가량인 230억 유로는 수출로 벌어들인다. 21세기 지식기반 경제를 주도하기 위한 핵심 경쟁력도 세계 인류의 미래 먹을거리 확보를 위한 생명과학에서 찾는 결과다.

네덜란드 생명과학자들이 최근 펴낸 『네덜란드 생명과학의 비전』이라는 책에서 오는 2020년 인류의 가장 큰 위협으로 식량과 기후변화와 에너지를 꼽았다. 농업생명과학은 이런 위협에 대처하기 위한 핵심 분야로서 자연 생태계에 주는 피해를 최소화시키고 농업 생산력을 높이는 것을 목적으로 삼고 있다. 바헤닝언은 지식기관인 대학을 비롯하여 관련 기업과 정부 등이 함께 어우러져 네덜란드 농업과 식품 분야 연구를 이끄는 성장엔진이다. 에버르트 야콥선 교수가 이끌고 있는 '감자역병연구소'는 각종 감자역병에 대한 저항 유전자를 가진 감자를 개발하고 있다.

야콥선 교수는 "감자는 한 세대가 7년이나 되기 때문에 확실한 세 종자를 개발하려면 50년 이상이 걸린다"면서 "유전공학으로 세대의 간격을 짧게 하고 수분이나 양분이 부족한 환경에서도 잘 자랄 수 있는 종자를 개발하고 있다"고 설명했다. 이 연구실은 북한에서 온 과학자 2명도 참여하고 있을 정도로 글로벌화되어 있다.

■ 매출의 25%를 R&D에 투자

네덜란드의 농업생명과학 발전의 핵심에는 우선 정부와 기업, 그리고 대학의 연구기관 등이 긴밀한 협력체계를 이루는 일에서 그 가능성이 열렸다. PPP라고 불리는 '공공민간 파트너십(Public Private Partnership)' 모델이 그 대표적인 케이스다. 먼저 관련 기업들의 R&D에 대한 투자를 돕고 있다. 그냥 돕는 것이 아니라 네덜란드 종자 회사의 매출액 가운데 25% 이상을 R&D에 투자하게 만드는 일로 유명하다.

최근 이렇게 네덜란드 정부가 종자개발 프로젝트 R&D 예산을 확대 실시하는 이유는 1880년대 농업 위기를 맞아 식량대란에 빠졌을 당시 품질관리와 기술교육 등에 투자가 절실했던 경험에서 시작되었다. 제2차 세계대전으로 국토가 황폐된 뒤에도 꾸준하고 일관성 있게 농업 투자정책을 지속시킨 보장과 성과는 그래서 더욱 값진 수확이 되었다. 이 같은 연구와 투자와 혁신적인 협력체계는 네덜란드를 농업 및 식품산업 선진국으로 만듦을 의미한다.

식물 종자 분야에서만 네덜란드는 2008년 경우 한 해 25억 유로(3조 7,000억 원)의 매출을 올렸다. 또 전 유럽의 식물 종자 분야 특허의 40%가 네덜란드에서 나온다. 네덜란드는 그래서 2020년 '생명과학의 세기'가 본격화되면 세계가 자신들의 무대가 될 것이라는 자신감으로 가득 차 있다. 이 때문에 '빵의 보충'을 기술하면서 스위스의 신젠타와 미국의 몬산토에 이어 세 번째로 네덜란드의 푸드밸리를 초대 형식으로 빌려서 일말의 주저 없이 소개하고 있는 것이다.

4. 한국 영농기술을 아프리카에 전수하다

2009년 7월, 버락 오바마 미국 대통령은 이탈리아 라퀼라에서 열린 세계식량안보회의에서 덕담 하나를 남겼다. "50년 전 한국은 아프리카 케냐보다 가난했다. 그러나 케냐가 오늘까지 빈곤에 허덕이는 사이 한국은 부국(富國)이 되었다." 그리고 1년의 시차를 두고 2010년 9

월, 유정복 한국 농림수산식품부 장관은 제30차 유엔 식량농업기구 (FAO) 아·태지역 총회를 맞아 경주에서 이렇게 한국 농업의 비전을 제시했다. "한국이 백색혁명(쌀 생산기술혁명)을 일궜던 경험은 아·태지역 기아 및 식량부족 문제 해결에 큰 기여를 할 것이다."

■ 보릿고개 극복한 노하우를 개도국에 전수하고

2010년 9월 경주 현대호텔에서 한국이 의장국으로서 유엔 식량농업기구 아·태지역 총회를 개최하는 일은 처음이 아니다. 1966년 이미 총회를 유치한 경험이 있었다. 그러나 지위는 확연히 달라졌다. 44년 전 아시아 최빈국으로 지원을 받기 위해 회의를 주관했다면 이번에는 '지원하는 나라'로서 총회를 치른 것이다. 더욱이 아·태지역 농업 공무원들은 의장국인 한국의 숨겨진 역할에 주목했다. 1960~1970년대 보릿고개로 대표되는 식량 부족을 겪다가 원조 공여국가로 거듭난 비법을 전수받기를 원했다.

이번 총회를 통해 개발도상국들이 가장 탐내는 노하우는 높은 수준의 쌀 생산기술이다. 특히 스리랑카를 비롯한 쌀을 주식으로 삼지만 자체 생산능력이 뒤떨어진 국가들은 농촌진흥청을 방문해 노하우 전수를 요청했다. 농진청 관계자는 "발전한 미국생산과 새마을운동 방법을 전수받으려는 국가가 많다"면서 "이들의 한결같은 요구는 한국이 주도하고 있는 국제농업협력사업에 참여할 수 있도록 도움을 청하는 일도 포함된다"고 밝혔다.

따라서 한국 농림수산식품부는 FAO 아·태 총회와 농업기술 전수를 통해 국가 이미지를 높이는 한편 한국 식량안보를 위해 이웃나라들과 적극적으로 공조하고 있다.

■ 한국-아프리카 농식품기술협력협의체(KAFACI-Korea Africa Food & Agriculture Cooperation Initiative) 발족

최근 KAFACI를 발족시킨 농촌진흥청은 출범에 즈음하여 보도자료를 통해 "아프리카 농업기술이 워낙 낙후된 탓에 한국에서 이뤄지는 기본적인 농사방법만 적용해도 생산량이 크게 늘어난다"면서 "2010년부터 농사방법 전달과 별도로 현지 사정에 맞는 벼 품종 개발 연구를 현지 연구진과 함께 진행하고 있다"고 설명했다. 농진청은 2010년 7월 6일 서울 웨스틴조선호텔에서 KAFACI 출범식을 개최하면서 앙골라를 비롯하여 카메룬과 가나 등 아프리카 16개국을 참여시켰다.

실제 KAFACI 설립에는 한국에서 공부한 현지 인력의 뜨거운 호응이 한몫을 했다. 농진청은 1972년부터 아프리카 국가의 연구진을 한국으로 초청해 농업기술을 교육시키고 있다. 2009년까지 39개국 425명이 이 과정을 거쳤다.

■ 자연스러운 국격(國格) 제고(提高) 효과를 기대하며

농진청은 2011년 5월부터 KAFACI를 통해 수요자 중심의 협력체계로 운영되고 있다. 최근 농진청은 "참가국의 식량자립을 돕는 것이 급선무이다"면서 "연구 과제도 참가국이 요청하는 것 가운데서 골랐다"고 말했다. 이를 위해 우선 참가국의 연구 인력을 한국에 초청해

교육하는 한편 한국의 연구진을 현지에 파견해 현지 사정에 맞는 품종 및 농사방법에 착수할 계획이다. 또 대륙별 공동연구 및 워크숍 등을 통해 기아 퇴치와 농업생산력 증대에 실질적으로 도움이 되는 기술개발까지 병행할 것으로 알려졌다. 결국 농진청은 "막대한 비용이 들어가는 퍼주기 식(式) 원조보다는 적은 비용으로 최대한의 효과를 거둘 수 있는 새로운 방식의 원조를 선보이는 것이 목표이다"라면서 "아프리카에 한국 농업기술이 확산되면 자연스럽게 한국의 위상이 높아지는 효과도 거둘 수 있을 것이다"라고 밝혔다.

실제로 한국은 지금까지 아시아와 아프리카의 개발도상국가에 대한 지원이 많았지만 일방적으로 주는 원조수준에 불과했었다. 이제부터는 해당 국가의 자립 능력을 키워주는 일을 주목한 것이다. 그 핵심은 바로 농산품 생산량이 늘어나도록 도와주는 것이어야 한다고 믿고 이를 실천에 옮기는 일만 남은 셈이다. 다른 빵의 보충으로는 최근 농수산물유통공사가 추진하고 있는 국제곡물시장 진출을 공식화한 일이다. 2011년 4월 29일 이 회사는 한국 민간기업을 등에 업고 미국 시카고에 합작회사인 'aT 그레인 컴퍼니'를 탄생시켰다. 미국 현지에서 밀과 옥수수와 콩 등 각종 곡물을 구매해서 한국에 들어와 판매할 예정이다.

이러한 조치는 세계식량기구(FAO)를 비롯한 세계 식량전문가들은 2008년 식량 위기 당시 주요 생산국들이 주요 곡물 수출을 금지했고 심지어는 제한했던 일이 다반사로 일어나고 있기 때문에 여기에 대한 곡물의 보충, 이를테면 선제적 대비에 대한 정책적 노력으로 이해된다.

이를 다시 패러디해 보면 지금과 같이 MENA 지역에서 발생하고 있는 먹을거리 부족도 이제부터는 한국이 챙겨서 새로운 국격을 높임과 동시에 한국의 발전된 농사방법까지 전수하는 일이 필요하게 되었다. 왜냐하면 새로운 국가질서와 경제요구가 바로잡아 가는 과정에서 식량난이라든가 식수 부족에서 자유로운 제안은 절대적 가치를 지니고 있기 때문이다. 이를 요약한 메시지는 아마 이런 것이 아닐까 싶다. 오바마 대통령과 유정복 농림수산식품부 장관의 어록(語錄)에 포함되어야 하는 수준과 의미를 유지할 정도의 어록으로 말이다.

"이 지구상에서 곡(穀)소리는 전설로만 남아야 한다."

한국의 농업기술 국제 협력사업 현황

몽골	• 시설채소 재배 기술 개발
인도네시아	• 콩 품종 개발 및 생산성 향상 기술 개발
필리핀	• 물비료 생산 기술 연구 • 바이오 에너지 네트워크 설립
태국	• 옥수수 종자 생산
방글라데시	• 주요 작물 품종 개발 및 기술 지도
네팔	• 식량농업유전자원 보존 및 이용

한국의 개발도상국 농업기술 지원 주요 내용

해외농업기술개발센터(KOPIA)	KOPIA를 통한 선진 농업 기술 전수 및 현지 과제 해결 KOPIA 설치국 확대 (2009년 6개국, 2010년 10개국, 2011년 20개국)
외국인 초청 훈련	개발도상국 기술인력 한국 초청 및 연수 배출 인원: 116개국 3464명(1972~2009년)
글로벌 농업인턴	국내 학사 석사 박사급 인력 KOPIA 파견 파견인원 확대(2009년 65명, 2010년 120명, 2011년 240명)

자료: 농촌진흥청

5 인사이드-도미노 현상으로
치닫고 있는 민주화 열기

1. Days of Thunder, Dawn of True Democracy?

북아프리카를 대표하는 경제잡지 『아프리카 비즈니스』는 2011년 4월 커버스토리로 '새로운 아프리카'라는 특집을 꾸몄다. 앙베르 베르시 편집장은 첫 화두로 '우레 같은 나날들, 참된 민주주의의 여명(黎明)일까?'를 내세웠다.

첫 화두는 이렇게 시작했다. "지난 두 달간 튀니지와 이집트에는 혁명의 바람이 불었고 아프리카는 더 이상 예전의 아프리카가 아니다." 그는 아프리카에 불어온 혁명의 바람이 마치 1789년 프랑스 혁명과 1917년 러시아 혁명과 1989년 베를린 장벽 붕괴 등과 같다고 했다. 이어서 그는 "작은 싹과 같은 민초들의 움직임이 진정한 민주주의로 꽃피울 수 있을지 아니면 시대의 흐름에 역행하는 세력이 성공을 거두고 싹을 짓밟아 한줌의 먼지로 만들어버릴지 의문이다"라고 기술하고 있다. 이와 함께 다른 필진인 이집트의 최고 권위를 지닌 여성 작가 나왈 사다위는 "당신의 인생을 통째로 바꿔버리지 못한다면 혁명이라고 부를 수 없다"고 강조했다. 이집트는 30년간 지속된 호스니 무바라크의 냉혹한 독재에서 드디어 민초들의 힘으로 독립을 이루어낸 축제 분위기다.

그 덕에 카이로의 심장에 위치한 타흐리르 광장은 전 세계에서 가장 주목을 받는 땅이 되었다. 베르시 편집장과 사다위 작가의 글은 곧 인사이드 내용물로서 MENA 지역에 들불처럼 번지고 있어 마치 도미노 현상으로 치닫고 있는 민주화의 요구를 그대로 읊조리고 있다.

■ 30년 동안 쌓였던 후리야(자유)와 가답(분노) 분출

2011년 '아랍의 봄'에 불을 지핀 민초들은 이제 마음껏 '후리야'를 외쳤고 그래서 그 '가답'은 대단했다. 2011년 2월 '아랍의 혁명'은 그래서 의미심장하다. 확고부동하던 독재정권을 뒤흔든 정치 도미노 현상이 언제 어디서 분출되었는지가 명확하다. 튀니지 중부의 궁핍한 소도시 시디 부 지드에서 젊은 노점상 상인의 분신이 도화선이 되었다. 실제 아랍 국가의 독재자들은 국민을 정치에서 배제했고 거대한 감옥을 세워 철통같이 경비했으며 국민을 스스로의 운명을 개척하지 못하는 구경꾼으로 전락시켰다.

하지만 그 황량한 튀니지 소도시에서 소박한 청년 부아지지가 동료 아랍인들을 정치의 장으로 다시 불러들었다. 아랍권의 한쪽 끝에서 다른 쪽 끝까지 MENA 지역이 독재자와 폭군이 지배하는 튀니지를 비롯하여 이집트와 예멘, 리비아와 시리아 등에는 부아지지와 같

은 사람이 드넓은 사막처럼 수없이 많았다. 아니나 다를까, 부아지지는 자신의 희생으로 일궈낸 혁명을 끝내 보지 못하고 숨졌다. 그가 저항했던 독재자가 매우 슬픈 모습을 시늉해 그의 병상을 찾았다는 사실을 그가 알았는지 또 몰랐는지 우리는 모른다. 남은 것은 오직 유튜브에 올라온 사진뿐이다.

■ 빅터 핸슨이 정리한 '아랍의 봄'

빅터 핸슨(Victor Hanson) 미국 스탠퍼드대학 후버연구소 연구원은 이번 '아랍의 봄'을 이렇게 정리하고 있다. "지금 중동에서 도미노 현상을 보이고 있는 민주화 열기는 국가주도 경제와 지도층의 고질적인 부정부패, 그리고 자유의 부재가 모여 만들어진 집단적인 가댑(분노)이다." 그는 왜 하필 지금 중동사태가 발생하고 있느냐는 질문에서도 이런 결론으로 정의하고 있다. "청년인구 팽창이라는 인구학적(人口學的) 압박이 극에 달한 상황에서 2010년 전 세계적으로 식량과 원자재 가격이 폭등했다. 이로 인해 물가가 상승하고 북아프리카에 가까운 남부 유럽에서는 삶의 질이 급격히 하락했기 때문이다." 핸슨 후버연구소 연구원은 리비아와 이집트의 반정부 시위 차이점에 대해서도 설명했다. "리비아는 이집트에 없는 풍부한 석유를 보유하고 있다. 리비아 국민의 불만은 이집트와 달리 부(富)의 낭비이지 부(富)의 부족이 아니라는 점이 매우 다르다."

이번 MENA 지역에 번지고 있는 민주화 요구와 시위를 이렇게 세 가지 측면에서 정리하고 있는 빅터 핸슨 연구원의 견해는 이게 일과성이 아닌 장기화에다 결국 아랍 근본주의 득세를 예고하고 있다. 향

후 민주국가 이집트의 모습과 관련한 예고편으로 민주주의가 뿌리를 내리기까지 절차와 과정의 중요성을 배제하지 않았다. 이를테면 진정한 민주주의는 국민 합의에 따라 구성된 정부로서 헌법에 의해 보장되는 인권과 독립적인 사법기관, 국민에 의한 군(軍)의 통제와 입법·사법·행정부 사이에 엮을 힘의 균형을 꼽았다. 그래야만 서구가 지향하는 민주주의의 본질인 집회와 종교와 언론의 자유를 함께 수반할 수 있다고 예단했다. 곁들여서 이러한 조건들이 충족과 구비에서 부족이 보이면 민주주의가 아니라 어느 특정 시점에 과반수가 선택하는 어떤 것에 불과하다는 단서를 붙여서 말이다.

이 때문에 독재자에 대한 반작용으로 이슬람 근본주의가 국민의 지지를 얻고 있는 아랍권의 경우 이러한 불안정한 민주주의를 거쳐 서구에 상당한 공포가 도사린 정권이 탄생할 가능성도 배제하기 어렵다고 진단했다. 하지만 현지에서 느끼고 만든 민초들에게 민주화 열기는 기존의 세력에 대한 반감이 극에 달하고 있다는 점이다. 실제로 그동안 아랍권 민초들은 몸을 사렸다. 독재자의 노여움과 비밀경찰의 잔혹함, 밀고자의 눈에서 벗어나면 다행이라고 여길 정도다. 무서운 군주는 무고한 민초들을 도외시하면서 자신의 독재체제를 확고하게 유지하고자 매우 정교한 체제를 구축하기에 모든 권력과 부를 쏟아부었다. 심지어는 국영TV, 신문매체와 대중정치에다 민초들을 가두었다. 독재자의 가슴에는 '무정부 상태의 하루보다는 독재 60년이 더 낫다'는 아랍문화의 격언까지 버팀목이 되었다. 권력을 잡은 자들은 어떤 식으로든 지배계층이 되었다. 독재자로서 지배계층은 곧 권력의 상징이 된다. 그들의 부상은 13세기 바그다드 왕조가 무너지고 이슬람 세계에서 맘루크 왕조가 시작된 상황을 상기시키게 하는 데 별 어려움이 없었다. 하긴 군사 노예였던 그들은 자신들의 왕조를 별세계로 만들었다. 당시에도 백성은 안중에 없었다. 국가주의 상징이던 지배자와 피지배자의 이 두 간극만 존재했다. 독재자들은 공포와 혐오의 대상이 되었다. 그런 통치자들은 늙어가면서 터무니없는 부의 축재에 매달렸다. 반면 백성들은 더 젊어지고 더 가난해졌다.

카이로의 타흐리르 광장에 모인 민초들에 민주화 열기의 본질은 우레와 같은 나날이지만 참된 민주주의 여명에 목말라 있다는 자신의 목소리를 숨기지 않고 낼 수 있는 혁명의 장소로 가늠해 직접 행동으로 나서고 있다. 이게 비로 MENA 지역의 트레이드마크가 되고 있는 재스민 혁명의 본질이다.

2. 물은 고이면 썩기 마련

우리는 자연을 통해 많은 것을 배우고 있다. 자연은 스스로를 지배하면서 유유히 흐르는 물처럼 한결같이 우리를 가르치고 있다. 그러나 물이 계속적으로 흐르는 가운데 자정의 의미를 확보할 수 있지만 물리적 사건으로 강줄기가 막히거나 멈추면 고인 물로 변해 결국 썩기 마련이다. 이를 두고 우리는 자연의 이치라고 부른다. 권력 역시 강을 닮고 있다. 자정작용(自淨作用)에 의해 권력의 선순환이 이루어질 때 비로소 그 나라의 국정은 바르게 선다.

그래서 민주주의가 발달된 미국이나 영국 등은 집권 정당이 민의에 의해 바꾸면 자연스럽게 회전문 개념으로 권력을 승계시킨다. 하지만 이렇게 권력 순환장치가 없는 나라는 지속성에 의해 막힌 물처럼 썩게 된다. 지금의 MENA 지역의 권력이 이 부분에 속한다. 튀니지를 비롯하여 이집트와 리비아가 그렇고 예멘과 시리아가 그렇다. 실제 지난날을 되돌아보면 지금의 독재자는 처음 권력을 잡았을 당시에는 국민 대다수의 높은 기대와 환희의 열망 가운데서 권좌에 오른다. 하지만 시간이 흐르고 권력이 계속 이어지면서 주변 실세와 가족의 득세에 따라 정권 연장을 도모하는 과정을 밟다가 철권정치가로 변질되고 만다. 여기에 추종 세력들이 권력에 줄을 서기 시작하면서 부패와 타락이 전염병처럼 만연하게 퍼져간다. 이런 권력이 20~30년 장기화되면 결국 자신의 당초 애국심과 당찬 비전은 사라지고 대신 권좌의 연장을 위해 무리수를 두게 마련이다. 이게 바로 독재자로서 등극이 되고 있기 때문에 흐르는 물이 막히거나 멈추면 썩듯 권력도 그렇게 타락의 길로 들어서기 마련이다.

지금처럼 민주화 열기가 도미노 현상처럼 벌어지고 있는 중동지역 독재자들의 과거를 들춰 보면 한결같이 처음 권좌에 오를 때는 신선함 그 자체였다. 그런데도 결국 독재자로 전락한 그 과정은 권력의 비애와 비리가 뒤섞여 역사의 슬픈 질곡으로 남고 있다.

■ 무아마르 카다피 국가원수의 경우

　　1969년 9월 1일.

　　27세 청년 카다피의 혁명 일성은 당시 제3세계의 지축을 흔들었다. 그의 트레이드마크였던 '반(反)외세'와 '반(反)굴종', 그리고 '민초가 진정한 주인이 되는 세상'은 메아리가 되어 북아프리카 사하라 사막과 중동지역으로 급속하게 퍼져나갔다. 카다피는 집권 초기에는 극단적 이슬람을 재해석하여 국가발전에 방해가 된 종교적 요소를 과감하게 철폐했다. 필요에 따라서는 이슬람 근본주의자까지 투옥과 추방을 병행했었다. 심지어는 서구식 대의민주주의를 직시하고 나서는 국민의 참여와 국민의 뜻이 골고루 정책에 반영될 직접 민주주의를 제창했었다. 리비아 전국에서 각 부족과 각 계층까지 아우르는 국가 대표단을 구성하여 이들과 밤새워 토론하고 협의하면서 새로운 민주주의를 실험하기도 했다.

　　카다피 자신도 스스로 계급장을 높여가는 다른 아랍 독재자들과는 달리 평생을 대령으로 머물렀다. 대통령 직책까지 한사코 거부했었다. 그의 공식 직함은 9월 혁명의 지도자일 뿐이었다. 그래서 670만 리비아 사회는 활기차고 미래를 지향하듯 희망에 부풀었다. 막대한 석유자본으로 군비 증강을 꾀하고 자국의 위상정립에 매진하기 시작했다. 대수로 공사와 같은 꿈의 프로젝트를 추진하면서 사하라 사막을 녹색 평원으로 바꾸는 국가 재건에 박차를 가했었다. 1970년대 카다피가 보여주었던 부의 고른 분배와 아랍민족의 자부심 고취로 인해 리비아 청년을 물론이고 중동지역 젊은이들에게 어느새 카다피는 '아프리카의 체 게바라'로 불렸다.

그러나 1980년대 중반부터 카다피는 더 이상 희망의 리더십을 보여주지 못했다. 자신의 정책과 반하거나 쓴소리를 하는 정적들을 하나씩 제거해 나갔다. 절대 권력의 맛에 대한 도취가 도하선이 되었다. 급기야 혁명의 핵심동지이자 총리인 압둘 잘루드마저 숙청한 후 전형적인 무소불위의 독재자 길로 접어들었다. 아니, 스스로 독재자의 길을 선택했다. 카다피는 수십 차례 암살위협에 시달리면서 이제는 누구도 믿지 못했다. 대신 확보된 절대 권력은 자신이 돈으로 산 아프리카 용병들에 맡겼다. 자신의 생명을 지키는 경호원들은 금발의 미녀들로 채웠다. 그래도 카다피가 42년째 독재자로 군림할 수 있었던 배경은 혁명 1세대로서 혁명 초기의 열정과 국민을 위한 리더십에 대한 마지막 향수 때문이었다.

그러나 철권정치가의 화신인 무아마르 카다피도 지난해 2011년 10월 20일 자신의 고향인 시르테의 한 배수관에서 황금권총을 손에 쥔 채로 이승을 등졌다. 독재자의 몰락은 곧 비참한 최후가 기다린다는 역사적 교훈을 남긴 채로.

▪ 호스니 무바라크 이집트 전 대통령의 경우

소농(小農)의 아들로 태어난 호스니 무바라크는 이집트 혁명가였던 가말 압델 나세르와 안와르 사다트의 군대 후배였다. 그는 야전군 출신에다 소농 계급 배경이 갖고 있는 교활함과 비밀주의 성향에 의해 권력을 잡으면서 타락하기 시작했다. 무바라크를 자신의 후계자로 선택한 사다트는 암살자에 의해 이승을 등지기 직전까지 무바라크의 충성심과 복종심, 잘난 체하지 않는 성격 때문에 발탁되었다.

안와르 사다트의 집권 당시 이집트는 군주제 지도자와 헌법론자, 무슬림형제단과 나세르 성향의 군부 지도자 등의 무한경쟁의 시대였다. 사다트는 파란만장한 배경을 지녔다. 그는 군에서 면직되어 투옥된 적도 있고 구체제 영국 인사의 암살에 연루되어 체포되기도 했다.

반면 무바라크는 집권하면서 권력에 맛을 들였고 동시에 나세르와 사다트와는 다른 자신의 길을 만들어갔다. 무바라크 역시 30년 독재자로서 존재하기 위해서 경찰국가를 건설하였다. 이집트 내무부 소속 비밀경찰 인원은 170만 명에 달했다. 끝없는 재치와 수다와 짓궂고 음흉한 농담으로 미국까지 농락해 이스라엘과 손까지 잡으면서 등거리 외교를 일삼았다. 아랍권 해결사를 자처하기 위해 이란과도 각을 세웠다. 사다트가 튀지 않는 무바라크 성격에 높은 점수를 주어서 후계자로 삼았지만 그의 본심은 절대 권력에 의해 카다피처럼 타락했다. 서로가 가르치고 또 배우는 형국이 되었다. 이를 통해 무바라크 아내 수잔과 차남 가말의 사진이 도처에 나붙었다. 장남 알리와 그의 측근들은 이집트의 경제를 주물렀다.

수잔은 처음에는 겸손했다. 자칭 '이집트 퍼스트레이디'로 군림하면서 전임자 사다트의 부인 예한 사다트와 차별화로 일관했다. 예한은 독실한 이슬람 신자들의 원성을 샀다. 그녀의 남편 사다트를 쓰러뜨린 암살자들은 그녀에게 지독한 적대감을 가졌다. 반면 수잔은 가말을 후계자로 만들기 위해 광분했다. 결국 이집트 국민들은 가말이 무바라크 후계자가 된다는 점에서 자존심이 상했었다.

이집트 민초들은 튀니지의 재스민 혁명의 완수를 지켜보면서 무바라크 왕조에 반기를 들었다. 우선적으로 이들 민초들은 무바라크 독재보다는 미래의 불확실을 택했다. 그들은 30년 독재자 족쇄를 풀었지만 새로운 족쇄가 기다릴 것을 염려하고 있다. 나세르로 시작해 사다트와 무바라크로 이어지는 이집트 군부의 권력 찬탈에 좌절감에 빠진 상태다.

결국 지금 이 시간에도, 지금 이 시대에도 자연이 가르치고 있는 신의 섭리에 의해 흐르는 물도 막히거나 고이면 썩어가기 마련이기 때문에, 절대 권력 역시 이런 전철에서 자유롭지 못함을 인지해야 한다. 만에 하나 이를 인지하지 못하면 결국 나락의 길만 남게 됨도 자연의 이치가 된다.

3. 누주드 알리의 여성 해방선언은 중동에서 거센 여풍(女風)이 되다

2011년은 '세계 여성의 날'이 100주년이 된 해다. 매년 3월 8일이면 전 세계 여성들은 '남과 여의 평등 세상'을 외치면서 자신의 목소리를 높이고 있다. 그래도 올해만큼 여권신장이 귀중한 때는 별로 없었다. 튀니지발 재스민 혁명을 겪으면서 MENA 지역의 여권도 덩달아 올라 세계 매스컴의 주목을 받는 계기가 되었다. 이 지역의 여권신장은 매스컴에만 존재할 뿐 여권 행사는 그림의 떡이었다. 같은 아랍권인 아프간에서 여성들은 학교에도 갈 수 없었고 외출할 때는 눈까지 망사로 가린 부르카를 입어야 했다. 그러나 올해 재스민 혁명이 여성의 날 풍경을 바꿔놓고 있다. 이집트와 예멘 등지에서 여성들이 모여 시위에 참가하는 열성여성 인구가 계속 늘어나고 있어서다. 이들이 집에서 거리로 내몰리게 만든 것은 예멘의 누주드 알리라는 여성선언이 기폭제가 되었기 때문이다.

■ 힐러리 독트린

예멘의 누주드 알리는 10세 나이로 강제결혼을 당했다가 1년 뒤법정투쟁으로 이혼에 성공한 주인공이다. 처음 튀니지의 민주화 열기가 막 달아오를 무렵인 올해 1월 힐러리 클린턴 미국 국무장관은 예멘을 깜짝 방문하게 되었다. 미국 국무장관이 그 나라를 찾기는 20년 만에 처음이었다. 알카에다가 침투한 나라이기에 그녀는 알리 압둘라 살레 예멘 대통령의 거대한 관저에서 세 시간 동안 독대하면서 안보문제를 논의했다.

이런 공식적인 일정을 소화하자마자 예멘 수도 사나의 구 시가지에서 좁은 골목을 직접 돌아봤다. 아랍어로 '어서 오십시오'라고 외치는 어린이는 보았지만 어디에도 여성은 보이지 않았다. 호텔로 돌아온 힐러리는 '타운홀 미팅(격의 없는 대화의 자리)'를 가졌다. 이때 비로소 예멘의 여성운동가와의 회견이 시작되었다. 그들은 한결같이 조혼제도를 어떻게 폐지해야 할지를 요구받았다. 힐러리는 그 자리에 참석한 예멘 소녀 누주드 알리 얘기를 처음 꺼냈다.

누주드 알리를 자신의 옆자리에 세우고서 "오늘 누주드는 학교로 돌아가 다른 과목과 함께 영어를 배웁니다"면서 "누주드 알리는 가정과 국가에 긍정적 기여를 할 능력을 가진 수많은 여자아이의 상징이며 그들에게 영감을 주는 아이입니다"라고 평가했다. 힐러리 옆에는 누주드의 법정투쟁을 도왔던 샤다 나세르 변호사와 멜란 버비어 미국 세계여성문제 담당 정권대사가 배석했었다.

이러한 사실이 중동지역 전역의 매스컴에 알려지자 여권시장의 문제는 화제성을 넘어 민주화 열기에 기폭제로 작용함은 물론이었다. 이를 두고 아랍신문은 '힐러리 독트린(Hillary Doctrine)'으로 헤드라인을 뽑았다. 실제로 힐러리는 예멘 방문 이후 가장 진심어린 과업에 박차를 가했다. 중동의 민주화 열기를 계기로 역사의 한 획을 긋는 변화가 일고 있는 MENA 지역을 통해 여성을 새로운 세계 질서의 중심에 세우는 바로 그 일 말이다. 힐러리 국무장관은 오는 2012년 예산요청에서 여성을 위한 프로그램에 사용될 12억 달러를 포함시켰다.

이를 통해 예멘의 인권운동가 투라야 담마지는 미국 국무부 지원금 2만 5,000달러를 사용해 여성의 사회진출 기회를 늘리고 어린 여자아이의 결혼을 허용하는 법을 폐지하는 운동을 펼치게 된다. 더 긴 얘기는 이 책 10장 2절에서 다시 만날 수 있다.

■ 여성의 날에 대한 기대는 커져 가고

민주화 열기가 현재진행형으로 계속되고 있는 지금의 상황에서 그 가능성은 재스민 혁명 대열에 여성인구가 점차 늘어난 추세를 감안하면 성공확률은 상대적으로 높다. 올해로 100주년을 맞고 있는 '세계 여성의 날'에 대한 기대만큼 이 지역의 민주화 열기에 대한 여성들의 참여도가 높기 때문이다. 이날의 시초는 지난 1910년 덴마크에서 열린 '세계 여성 노동자회의'에서 '세계 여성의 날'을 만들자는 제안이 나왔고 이듬해 3월 덴마크와 독일 등 여성들이 거리 행진을 벌이면서 기념일로 지정되었다. 1975년부터 유엔이 공식인정하는 기념일이 되어 오늘에 이르렀다.

특히 '아프가니스탄 여성'의 날을 올해부터 국경일로 정하여 실행에 들어갔다. 2002년 탈레반 정권이 축출되기 전까지만 해도 아프간 여성들은 학교에도 갈 수 없었고 외출 시는 부르카를 입어야만 했었다. 아프간에 여권신장을 인정하는 정책을 펴는 데 고무된 힐러리 국무장관은 최근 미국 시사주간지 뉴스위크를 통해 중동에서 변화를 추구하고 주도하는 현지기구나 단체 안에서 여성의 목소리가 나오는 일에 대해 높은 점수를 주고 있다. 비록 리비아의 시위와 반체제 운동가들 사진에는 여성이 보이지 않지만 중동지역 여성의 역할과 안전이 우리에게 최고의 관심사가 되고 있다고 예단했다.

"이집트의 경우 새 정부 구성에서 여성이 포함될 조짐이 보여 매우 고무적이다"라고 진단한 다음 "카이로 타흐리르 광장 시위에 여성들이 있었고 그들이 이집트 미래의 결정과정에 마땅히 참여해야 한다. 이집트가 진정으로 민주주의를 원한다면 인구의 절반을 제외해서는 안 되기 때문이다"라고 설명했다.

현재 민주화 열기에 가득한 이 지역에서 힐러리 독트린은 뜻하지 않았던 곳에서 반향을 일으키기 시작했다. 퍽 고무적인 발전일 수 있다. 여성은 운전을 해서는 안 되며 남자의 허락 없이 여행을 못하는 사우디아라비아의 수도 리야드가 바로 그곳이다. 사우디 건국의 아버지로 불리는 압둘 아지즈 국왕의 손자 알왈리드 빈 탈랄 빈 압둘 아즈스 알사우드 왕자는 같은 시기에 아랍 여성이 "경제적으로나 사회적으로 하찮은 존재로 대우를 받는 현실을 개탄해야 한다"고 주장했기 때문이다.

이래저래 중동지역의 민주화 열기는 여성신장의 목소리와 함께 시위 대열에 참여하는 빈도수가 많아지면서 새로운 활력소가 되고 있다는 점이야말로 퍽 고무적인 발전이고 동시에 미래의 희망이 영글어 가는 모습으로 비치기 시작했다. 곁들여서 거센 여풍이 되고 있는 누주드 알리의 여성해방은 이제 MENA 지역의 민주화 열기의 도미노 현상이 우연의 일치가 아님을 분명히 보여주고 있다.

4. 97.6% 지지의 대통령이 된 바샤르 알아사드

비록 흐르는 물이라 해도 막히거나 고이면 썩기 마련임을 우리는 자연에서 배우고 있다. 다시 비록 아랍권 독재자들에 처음 출사표는 순수하고 정의로운 애국심에서 시작되었다 해도 집권의 기화로 이어지면 결국 모든 민초들과 국가에게 대역적과 같은 죄인이 되기 마련이다. 앞에서 여러 차례 소개한 리비아의 카다피와 이집트의 무바라크 경우가 그 사례다. 여기에 더하면 11년 장기집권에 임한 바샤르 알아사드 시리아 대통령의 경우는 확실한 역사적 증거로 남고 있다. 결론부터 말하자면 들불처럼 번지고 있는 이 지역의 민주화 열기가 일어날 수밖에 없는 당위성과 역사적 필연성을 함께 읽기에 충분하다.

지난 4월 25일 시리아의 부자세습 독재자 알아사드 대통령은 남부도시 다라에서 5,000명에 달하는 군인과 탱크를 동원해 반정부 시위를 진압했다. 저격수들은 민초들을 무차별 조준사격해서 우리 모두를 놀라게 했다. 하지만 바샤르가 대통령으로 권좌에 오르는 당시에는 '다마스쿠스의 봄'으로서 2,200만 시리아의 희망 그 자체였다.

■ 다마스쿠스의 봄과 바샤르 알아사드 대통령

지금은 이론의 여지가 없는 독재자이고 폭군이지만 알아사드 대통령도 한때는 시리아의 개혁과 미래를 담보할 국가적 기대주였다. 우선 정치에는 뜻이 없었다. 군인 출신으로 1970년 무혈 쿠데타로 권력을 잡은 부친 하페즈 알아사드는 일찌감치 자신의 장남이자 바샤르의 형인 바실을 후계자로 낙점했다. 그래서 바샤르는 다마스쿠스 의과대학을 졸업하고 나서 영국 런던으로 건너가 공부를 계속했었다. 하지만 1994년 형이 교통사고로 사망하면서 바샤르의 운명은 달라졌다. 그의 부친은 해외 유학 중인 바샤르를 불러들였다. 군을 장악하고 후계자 수업을 받은 바샤르는 2000년 부친이 폐섬유증을 앓다가 69세로 사망한 뒤 권력을 물려받았다. 당시 바샤르의 나이는 겨우 34세였다.

이때만 해도 영국에 유학한 바샤르는 의사 출신의 엘리트형 지도자답게 민초들에게서 촉망된 지도자로 내비쳐졌다. 그는 공포정치의 대가인 부친과 달리 민주선진국에서 공부한 젊은 지도자였다. 2000년 7월 대통령 취임 전에 시리아 컴퓨터 소사이어티 회장직을 맡아 인터넷 확대 보급에 앞장섰다. 대통령 취임연설에서는 건설적인 비판 허용과 민주화의 중요성을 강조해서 국내외로 주목을 받기도 했다. 그의 취임어록에는 지금도 민주주의 중요성이 그대로 남아 있다. "민주주의야말로 더 나은 삶을 위한 도구(道具)이다."

그의 어록을 실천하기 위해 바샤르는 취임한 해 11월에는 정치범 수용소를 폐쇄하고 부친이 가두어 놓은 수백 명의 정치범 석방까지 단행했다. 이른바 '다마스쿠스의 봄'이 비로소 꽃피고, 희망은 널리 퍼졌다.

■ 30년 공포정치의 대가인 부친을 닮아가고

하지만 바샤르의 환호와 기대가 절망과 공포로 바뀌는 데는 그리 오랜 시간이 걸리지 않았다. 바샤르는 피는 못 속인다는 진리처럼 공포정치인 부친의 피와 기질을 그대로 답습하기에 이르렀다. 예를 들면 하페즈 알아사드가 저지른 '하마(Hama) 대학살'은 한순간에 가문의 업보로 돌아왔기 때문이다. 역사적 아이러니는 그래서 무서움과 공포로 점철되어 반복된다.

하페즈는 이슬람 시아파 중에서 소수인 알라위파였기 때문에 언제든지 쿠데타의 대상이 될 수 있음을 집권 동안 인지하고 있었다. 이런 인식 때문에 1982년 2월 하페즈는 당시 이슬람형제단의 근거지로 알려진 시리아 제4의 도시 하마에 대해 대대적인 공격과 살생을 감행했다. 하페즈는 탱크를 동원하여 이슬람형제단을 공격해 사상자만 1만~2만 명 이상에 달했다. 하페즈가 이것을 정치적으로 활용했음은 물론이다.

그들이 먼저 자신을 암살하려 했다는 이유를 들어서 말이다.

결국 바샤르도 30년 독재자인 부친을 닮아가면서 자신을 반대하는 언론인과 인권운동가를 잡아들이기 시작했다. 이러한 정치행태가 이어지면서 2007년 대선에 단독 출마해 97.6%의 득표로 재선에 성공했다. 당시 투표장마다 공화국 수비대원들이 깔려 있어 어느 누구도 반대나 이견을 낼 수 없게 만들었다. 바샤르는 부친과 마찬가지로 시아파 내 소수 세력인 알라위파는 130만 명으로 시리아 전체 국민의 6% 안팎이다. 하페즈가 무소불위의 공포정치로 인구 150명당 한 명꼴이라는 비밀경찰을 이용해 다수 세력을 눌렀다면 바샤르는 정략결혼과 이데올로기를 정치수단으로 삼았다.

바샤르는 2000년 대통령이 된 다음 시리아 국민의 74%인 수니파에 속한 아스마와 결혼했다. 이것도 부족해서 유일 집권 바트당을 통해 이슬람보다는 세속화된 아랍민족주의를 강조했다. 소수 알라위파에 유리한 논리이고 자위책 구사였다. 또한 바샤르는 국내적으로 불만이나 시위가 생기면 이를 외부로 돌려 독재에 대한 반발을 누그러뜨렸다. 정치범 사면에 대한 목소리가 높았던 2003년 미국이 이라크를 공격하자 "우리 시리아는 이라크와 달리 미국에 쉽게 당하지 않는다"고 입장을 천명해 오히려 국내 정치범을 더 많이 투옥하는 잔인성을 발휘했다. 분명 그 아버지의 그 아들이었다.

■ 이란은 알아사드 정권을 지원하고

최근 시리아에서 민주화 열기가 장기화되면서부터 베일에 가렸던 바샤르의 외교정책이 백일하에 드러났다. 이란을 적절하게 요리(?)해서 원조를 받아냈고 이를 통해 국내 정치에 적용시키는 달인으로 부상했기 때문이다. 실제 이란은 연평균 50억 달러를 시리아에 투자하고 있다. 또 이란은 시리아를 통해 대(對)이스라엘 투쟁의 선봉인 레바논 헤즈볼라와 가자지구 하마스를 지원하고 있었다. 미국 정보당국은 최근 시리아와 이란 당국자 사이의 통화를 감청한 결과, 이란이 그동안 시리아 반정부 단체의 동향감시를 위한 장비를 제공한 데다 시위대의 토론장소인 온라인 통신 차단기술 등을 지원한 것으로 발표해서 세상을 깜짝 놀라게 했다.

2003년 노벨평화상 수상자인 이란의 인권운동가 시린 에바디는 "시리아의 파장이 이란으로 번질 것을 두려워한 마무드 아마디네자드 이란 대통령은 시리아 정부를 직·간접으로 돕고 있다"고 밝혔다. 하지만 이란이 시리아 반정부 시위 진압을 위해 무장 병력을 파견하기는 쉽지 않을 것 같다. 1980년 이란과 이라크와의 전쟁 당시 시리아가 이란 편에 선 뒤 전략적 동맹관계를 이루고 있지만 이란이 시리아에 병력을 보내면 미국과 이스라엘의 막강한 군사력을 동원해 개입하는 상황으로 이어질 수 있기 때문이다. 따라서 시리아가 처한 지정학적 관계를 분석해 보면 바샤르 알아사드 시리아 대통령의 통치술은 중동지역 독재자처럼 줄타기의 달인 수준의 그 이상임을 알 수 있다. 97.6% 지지의 대통령이 탄생할 수 있는 이유다.

결국 지금처럼 MENA 지역에서 도미노 현상으로 치닫고 있는 민주화 열기는 이제 끝이 아닌 시작임을 바샤르 알아사드 11년차 정권은 그대로 방증시키기에 충분한 조건을 두루 갖추고 있는 셈이다.

6 아웃사이드-민주주의로 가는 길은 비싼 수업료가 전제되고

1. 이슬람+기독교… 융합의 문명을 다지고 있는 터키

2010년 9월 12일(현지시각).

터키 국영 TRT TV는 이스탄불의 AKP(정의개발당) 당사 앞에 모여 '민주화 개헌' 통과를 기뻐하는 국민들에 환호를 이렇게 전하고 있다. "이제 터키는 21세기 오토만제국의 꿈을 키우게 되었다"면서 "이번 국민투표에서 58%의 찬성은 곧 미완(未完)의 민주화 개혁으로 가는 길을 마련하게 되었다"고 평가했다.

터키는 국민의 99%가 무슬림이지만 주변 아랍 국가들과 달리 종교와 정치를 엄격하게 분리해 왔다. 1923년 터키공화국을 세운 '터키의 국부' 무스타파 케말 시대부터의 국시(國是)다. 실제 터키 군부는 이슬람 성향의 정당이 집권할 때마다 쿠데타를 일으켜 정권을 전복시켰다. 모두 세 번(60·71·80년)이라는 기록마저 가지고 있다. 1962년 출범한 터키 헌법재판소는 그간 이슬람 성향의 정당 26개를 해산시켰다.

터키 국민들도 국시 수호를 위해 군부의 정치개입을 용인해 왔었다.

이러한 터키가 '민주화 개헌'을 위한 총 26개 항목 수정의 가부를 묻는 국민투표에서 58%의 찬성으로 레제프 타이이프 에르도안 총리 정부의 개헌안을 통과시켰다. 이처럼 터키가 근대화의 기본인 민주화 실현을 위해 치른 일련의 국민적 합의를 보면 진정한 민주주의로 가는 길은 비싼 수업료가 전제(前提)되어야만 가능함을 일깨워주고 있다.

■ 21세기 오토만제국을 꿈꾸는 터키

최근 카다피 리비아 국가원수로부터 나토군과의 화해를 중재받은 나라, 상호 적국(敵國)인 미국과 이란에서 똑같이 환영을 받는 나라, 매년 지중해 휴양지에 이스라엘 50만 명과 아랍인 수백만 명을 함께 받아들이는 나라, 그 나라는 바로 터키다. 이런 터키가 아시아와 유럽의 경계를 잇는 보스포루스 다리를 그대로 닮아 종교와 정치의 융합으로 21세기 오토만제국의 문명을 열고 있다. 확대해석하면 이슬람의 터키와 기독교의 유럽연합(EU)은 터키를 통해 문명충돌을 뛰어넘는 공존과 공영의 깃발에 환호하고 있다.

이스탄불 AKP당 지지자들이 당사 앞에서 터키기를 휘날리며 환호하는 모습이 흐르는 TV 중계는 곧 '21세기 오토만제국의 꿈'이 영그는 모습과 진배없다. 과거의 제국들과 달리 지금 터키의 손에 든 무기(武器)는 경제와 민주주의다. 2002년 이후 집권 AKP당의 외교정책은 크게 세 가지다. 하나는 주변국가와 마찰을 일으키지 않고 화해무드를 조성하는 것이다. 둘은 경제성장과 민주화로 내실을 다지는 일에 올인하는 것이다. 마지막 셋은 세계의 화약고로 통하는 MENA 지역의 분쟁 조정자로서 신뢰를 받는 강국이 되는 일이다. 그래서 AKP 당의 외교정책에는 자연스럽게 '신(新)오토만주의'라는 별명이 따라 붙고 있다.

근대 터키가 건국 이후 끊임없이 유럽에 가까워지려고 서쪽에 노력하였다면 AKP당이 이끄는 최근의 터키는 동쪽으로 눈을 돌리고 있다. 지난 5년간 터키의 MENA 지역 수출은 7배로 늘어 310억 달러에 달한다. 이를 크게 보도한 주간 이코노미스트는 "이란에서 알제리까지 거리에는 터키에서 만들어진 자동차가 달리고 있고, 이 시장에는 식기부터 말린 무화과까지 터키상품이 팔리고 있다. 최근 TV에서 크게 히트한 터키 드라마 '누르'가 아랍권 가정에서 높은 시청률을 기록하고 있다"고 소개했다. 그러나 이번 중동지역에 민주화 열기가 고조되면서 서구는 터키의 행보를 예의주시하고 있다. 그간 터키가 서구와 아랍을 잇는 '가교(架橋)' 역할을 해왔기 때문에 그렇다.

터키는 미국에게 대(對)중동 전략의 핵심 파트너였다. 따라서 만약 터키가 세속주의를 버리고 이슬람화 국가가 된다면 미국으로서는 대대적인 전략 수정이 불가피한 상황에 처하게 된다. 최근 터키는 이전의 친(親)서구 정책 지향과는 다른 독자적인 외교노선을 걷기 시작했다. 예를 들면 유엔 안전보장이사회의 대(對)이란 제재안 표결 때 예상을 뒤집고 반대표를 던졌다.

■ 터키의 민주주의는 빅 마켓에서 돋보이고

국민투표에 의해 민주화 개헌이 가시화되고 있는 최근의 터키의 경제속도는 빨라지고 있다. 덩달아 정치도 경제도 종교도 국민의 의

식도 빠른 속도로 바뀌고 있다. 정치는 먹고살게 하는 정파를 지지하는 쪽으로, 경제는 돈 많은 사람을 존경하는 분위기로, 전 국민의 99%가 믿고 있는 이슬람은 일종의 전통 문화로 새롭게 좌표를 설정하는 모양새다. 그래서 서구는 터키의 변화와 변신을 지켜보면서 '접촉'과 '자극'이라는 이미지 화신으로 발전하고 있다. 왜냐하면 터키 경제는 유럽연합에 발을 내밀고, 머리는 러시아지역의 독립국가연합(CIS)에 묻고, 몸통은 중동지역을 아우르는 상행위에 따라 접촉과 자극을 조화시키는 이른바 융합문명의 경제를 이루는 데 국력을 모으고 있기 때문이다.

접촉과 자극 덕분에 앞에서 소개한 대로 터키는 최근 5년 동안 연평균 7%의 고도 성장세를 탔다. 30%를 넘나들던 살인적 물가는 2004년 한 자릿수(9.3%)로 떨어진 뒤 안정세를 찾았고 1인당 국민총생산(GDP)은 2002년 2,622달러에서 2009년 9,022달러로 7년 사이 4배나 증가했다. 이처럼 터키 경제가 욱일승천하는 것은 외자가 봇물을 이루고 이에 따라 내수와 수출 경기가 살아나는 선순환 구조를 이루어내고 있기 때문이다.

자동차와 섬유 분야에만 강점이 있던 터키는 정보기술(IT)과 금융 서비스 등 다양한 분야에서 외자의 러브콜을 받고 있다. 2002년 불과 6억 달러 수준이던 외국인 직접투자(FDI)는 2006년 174억 달러로 급증하고 있다. 외자가 봇물을 이루는 것은 정치 안정과 EU 가입 움직임 등이 물꼬를 터준 결과다. 2002년 연정시대를 마감하고 단독 정부를 구성한 AKP당은 2007년 7월 재집권에 성공했다. 이어 8월 대선(국회를 통한 간선 방식)에서 대통령을 냈다. 정책의 연속성은 터키의 정치와 경제, 문화와 관광 등의 기대주로서 아랍권이 터키에 대한 민주화의 가치를 일깨우는 벤치마킹 국가가 되고 있다. 물론 터키의 내수시장은 '테스트 마켓'을 벗어나 '빅 마켓'으로 도약하는 단계로 발전하는 모습까지 포함해서 말이다.

2. '올레' 함성은 지구촌을 감격시키고 아랍권의 우상이 된 브라질

"오늘은 여성이 브라질 사상 처음으로 대통령 휘장을 어깨에 두른 날입니다. 나는 여성들을 존중하고 모든 사회적 약자를 보호하고 전 국민을 위해 일할 것을 약속합니다. 나는 지금부터 모든 브라질 국민의 대통령입니다."

2011년 새해 첫날인 1일 브라질 의사당에서 열린 제36대 대통령 취임식에 지우마 호세프(Dilma Rousseff · 63세)가 우뚝 섰다. 이날 취임식장에는 '올레(Ole), 올레, 올레, 룰라, 지우마'라는 함성이 울려 퍼졌다. 브라질 현대사에서 가장 성공한 대통령으로 평가받은 전임 루이스 이나시오 룰라 다 실바 대통령으로부터 대통령 휘장을 물려받은 호세프는 전임자의 위대한 업적을 계승하겠다고 다짐하는 한편 새로운 개혁을 주창했다.

■ 미래로 가는 패스포트

호세프는 특히 지난 2006년 브라질 남동부 대서양 쪽 근해에서 발견된 거대한 해저 유전개발에 큰 비중을 두고 있다. 가채(可採) 원유량이 65억 배럴로 추정되는 이 유전에 대해 그는 "브라질이 미래로 가는 패스포트(여권)이다"라고 의미를 부여했고 이를 통해 자신의 임기 중 국가경제의 새로운 도약의 발판으로 삼겠다는 의지마저 숨기지 않았다. 불가리아 이민자 가정에서 태어난 호세프는 젊은 시절 반독재 투쟁을 하면서 3년간 투옥되는 등 험난한 인생여정을 거쳤다. 호세프는 좌파 성향이지만 전임 룰라 대통령과 마찬가지로 실용주의자로 돌아섰다. 그는 취임 연설에서 "나는 브라질을 위해 내 모든 삶을 바쳤다. 나는 공정하고 민주주의적 국가를 꿈꾸면서 내 젊음을 보냈다. 이 험난한 여정은 나로 하여금 삶을 더욱 사랑하고 아끼도록 만들었다"라는 말에 이르러서는 스스로 목이 메었다.

연단 앞에는 여성 11명이 감격스러운 표정으로 새 대통령을 지켜보고 있었다. 이들은 1960년대와 70년대 호세프와 함께 반독재 투쟁을 하고 감옥생활을 한 여성들이었다. 호세프와 이들은 당시 군부독재 치하의 감옥에서 말 못할 혹독한 고문을 당했으며 이들은 지금도 입을 닫고 있다.

■ 브라질 전임 대통령, 룰라의 아름다운 퇴장

MENA 지역의 민초들이 가장 감격하고 가장 절실하게 염원한 초점은 룰라의 아름다운 정계 퇴장이었다. 이 지역의 독재자들은 장기집권에 세습집권까지 서슴지 않아서 부패된 정권으로 남았지만 룰라 전임 브라질 대통령은 그게 아니었기 때문이다. "신은 한 사람에게 두 번 선물을 주지 않는다. 다시 대통령이 되기를 바란다는 것은 미친 짓이다." 달변가 루이스 이나시오 룰라 다 실바 전임 브라질 대통령의 말솜씨는 마지막까지 화끈했다. 현지 언론은 퇴임을 사흘 앞둔 12월 29일 동북부 한 정유시설 기공식장에서 이렇게 말했다고 전했다.

2014년 대선 재출마 여부를 둘러싼 그간의 논란을 직설화법으로 일축한 모습에서 세계 언론은 그를 다시 챙겨보게 되었다. 같은 날 여론조사기관 센서스가 발표한 룰라의 지지율은 87%에 달했다. 브라질 헌법에 따라 3연임은 불가능하지만 4년 뒤 재출마한다면 당선은 떼 놓은 당상인 상황이다. 하지만 룰라는 '세계에서 가장 인기 있는 대통령'과 '아름다운 퇴장'을 택했다. 2011년 새해 첫날 자신의 후계자 지우마 호세프에게 대권을 넘겨주고 일반 시민으로 돌아가는 길을 기쁘게 선택한 것이다.

■ 돌아온 탕아(蕩兒), 브라질

2002년 6월 30일.

이날에는 한·일 월드컵 결승전이 열렸다. 브라질은 혼자 두 골을 넣은 공격수 호나우두의 활약으로 독일을 꺾고 다섯 번째 월드컵 우승을 차지했다. 브라질 전역에서 축제가 벌어져 브라질리아 시(市)는 아예 하루를 임시 공휴일로 선포했다. 하지만 축제는 오래가지 못했다. 불과 반년도 안 된 그해 11월 브라질은 국제통화기금(IMF)으로부터 당시로는 사상 최대 규모인 304억 달러의 구제금융을 받았다. 그럼에도 불구하고 2008년 9월 미국 리먼브라더스의 파산으로 세계 경제가 큰 혼란을 겪었을 때 브라질의 국가 부도위험도는 3배나 급등했었다. 그러나 3년이 흐른 지금, 브라질을 보는 세계의 시선은 180도 달라졌다. 브라질 경제는 지난 10년간 꾸준하게 변신해 왔고, 발전했으며 동시에 부국의 경제기반마저 갖추었다.

■ 세계 8위의 삼바경제 브라질은 이제 G5 넘본다

최근 세계경제는 '환율전쟁'의 와중에서 혼미상황을 면치 못하고 있다. 그러나 브라질 정부의 자신감은 넘쳐나고 있다. '환율전쟁'이라는 용어를 공식적으로 처음 사용한 G20 국가 가운데 재무관료가 바로 브라질의 만테가 재무장관이다. 만테가 장관이 2010년 9월 파이낸셜타임스(FT)와의 인터뷰에서 "글로벌 환율전쟁이 벌어지고 있다"고 예단한 다음부터 다른 나라 관료들도 이 단어를 사용하기 시작했다.

실제 후속조치가 바로 금융거래세 인상이었다. 이처럼 브라질이 다른 나라는 실행에 옮기지 못하는 독자적 정책을 펴는 것은 민주화된 정치체제와 함께 경제적 질서 확립에서 자신감을 표출한 것이다. 더욱이 미국 등 강대국을 상대로 훈수를 놓으면서 국제사회에서의 입김을 키우고 있다. 평화로운 정권 교체를 이룬 결과에 따라 세계 8대 경제 강국에 걸맞은 경제위상을 확보했기 때문이다.

호세프 대통령은 최근 환율문제에서 색깔 있는 목소리를 내놓고 있다. 중국에 화살을 돌리고 있는 국제사회와는 달랐다. 그는 달러 약세를 해결하기 위해 "미국의 경제회복 방안이 중요하다"고 제시했다. 중국이 아닌 미국이 풀어야 한다는 지적이다. 브라질은 특히 중남미에서 영향력을 키우고 있다. 이를 위해 인접국 아르헨티나와 볼리비아 등에 대해 적극적인 지원을 아끼지 않고 있다. 이런 점은 MENA 지역 국가들이 브라질을 벤치마킹하고 있는 이유에 해당한다.

사실 브라질은 IMF와 유엔 등 국제기구에서 위상을 찾기 위해 노력하고 있다. 2006년 1월 IMF 차관을 2년이나 앞서 상환한 데 이어 2009년에는 100억 달러 규모의 특별인출권(SDR)을 사들였다. 사실상 IMF에 자금을 지원한 셈이다. 이러한 경제적 저력을 기반으로 해서 올해는 유엔 안보리 상임이사국 진출을 노리고 있다. 올해 4월 중국 하이난 섬 싼야힐튼호텔에서 열린 브릭스(BRICs) 국가정상회의를 통해 브라질이 중국과의 경제공조 체결을 맺은 것은 이러한 맥락에서 비롯된 고도의 경제적 테크닉으로 이해할 수 있다. 브라질의 '올레' 함성은 중남미를 넘어 MENA 지역에서도 우상적 가치로 가늠되었고 동시에 아웃사이드의 거울로서 영향력 발휘까지 겹치고 있다.

3. 21세기 영국이 가진 모든 것을 보여준 로열 웨딩

값진 민주화는 전 세계가 인정하는 가운데서 함께 찬사를 받아야 된다. 그게 말처럼 쉽지 않고, 많은 비용이 들어야만 가능함이 전제된다. 아니, 이것 없이는 불가능하다는 점이 분명해졌다. 진정한 민주주의는 2011년 4월 29일 치러진 영국 왕실의 로열 웨딩에서 그대로 묻어났다. 신데렐라 해피엔딩으로 잠시나마 세상이 행복해졌기 때문이다. 민주화 열기로 가득 찬 MENA 지역의 민초들도 반정부 시위와 자유의 외침을 멈추고 TV 앞에 앉아서 잠시나마 함께 즐겼다. 영국은 좋은 의미든, 덜 좋은 의미든 상관없이 이들 지역의 민초에게는 모든 정치체제와 경제적 질서를 비롯하여 문화와 교육, 과거와 현재를 공유하는 관계로서 영향력을 끼치고 있어서다.

전 세계 20억 인구와 함께 이들 민초 역시 한때나마 영국 왕실이 펼친 로열 웨딩을 지켜보면서 환희와 향수를 고루 느끼기에 부족함이 없었다. 환희는 숙명적으로 지닌 무슬림 여성이 속박에서 벗어나면 자신들도 그렇게 지낼 수 있다는 기대감일 수 있다. 반면 향수는 신랑 윌리엄 왕세손의 모친 고(故) 다이애나 비의 교통사고를 다시 떠올리면서 느낀 진한 연민일 수 있다. 이 환희와 이 향수는 곧 21세기 영국이 가진 것을 모두 보여주는 1억 파운드짜리 이벤트라는 점을 감안하더라도 '민주화 열기'와 '민주화 요구'로서 그들의 로망과 겹치기 마련이다.

■ 잘 짜인 각본처럼 민주화 완수를 기대하고

이번 영국 왕실이 연출한 로열 웨딩을 지켜본 이 지역 민초들은 과연 어떤 생각에 젖었을까? 어떤 바람이 있었을까? 어떤 기대로서 진정한 민주화를 염원했을까? 실제 4월 29일 치러진 윌리엄 왕세손과 캐서린 빈의 결혼식은 단순한 왕실 결혼 이상이었다. 찰스 왕세자와 고(故) 다이애나 결혼 이후 30년 만에 세계인의 이목이 영국 왕실에 집중되었다. '저물어 가는 영국'은 이 로열 웨딩에 전통과 품위, 현대적인 감각을 더했다. 런던 도심을 가득 메운 축하인파와 함께 나부끼는 유니언 잭은 21세기 영국이 가진 모든 것을 세계인에게 주는 기회의 장이기도 했다.

특히 결혼식은 절차의 아름다움을 강조하는 영국 성공회의 특징을 잘 보여주었다. 여기에 등장시킨 악단을 비롯하여 공군기와 합창단 노래, 왕실 자동차와 사진 등 각 분야에서 영국 문화의 진수를 보여준 최고들이 웨스트민스터 사원에 집결했다. 미국과 프랑스 등과 함께 공군기 산업 분야에서 경쟁해 온 영국 공군의 위용도 결혼 축하 비행을 통해 과시하는 점은 특별함을 더했다. 윌리엄 부부가 버킹엄 궁에서

키스를 하자 2차 대전에서 활약한 랭커스터 폭격기와 리비아 공습에 참여한 최신예 전투기 타이푼과 토네이도가 버킹엄 궁 상공을 날았다. 영국 왕실이 보유한 세계 최고급 차량도 등장했다. 캐서린은 롤스로이스 팬텀 VI를 타고 웨스트민스터를 향했고 윌리엄은 벤틀리를 탔다.

이번 영국 왕실의 로열 웨딩은 케이트 미들턴이라는 신데렐라를 '캐서린'으로 등장시켰고, 신랑인 윌리엄 왕세자는 왕위 계승 서열 2위권자로 데뷔하는 무대였다. 최근 여론조사에서 영국민 10명 가운데 6명은 '부친 찰스 왕세자가 왕위 계승권을 바로 윌리엄에게 넘겼으면 좋겠다'고 답했다. 7명은 '윌리엄이 곧 왕이 된다고 해도 나라를 잘 통치할 것이다'라고 응답했다. 위계질서가 엄격한 영국 왕실을 향해 여론이 부자(父子) 간 경쟁구도를 부추기는 형국이다. 이 현상의 이면에는 '만인의 연인(戀人)'이었던 고(故) 다이애나 왕세자빈이 있다.

반면 찰스 왕세자는 경기 침체와 재정적 부담으로 허덕이던 영국에서 왕실 무용론의 주범으로 지목될 정도다. 1969년 책봉 이래 42년간 영국 역사상 유례 없이 긴 세월 왕세자 노릇을 하는 데 대한 국민적 피로감이 크게 작용하는 것으로 분석할 수 있다. 반면 다이애나 비를 쏙 빼닮은 모습으로 장례식에서 슬퍼하던 어린 윌리엄이 성장하면서 '대안'으로 거론되기 시작했다. 윌리엄은 친근하면서 활동적인 이미지로 모친의 이미지를 이어갔고, 대학 동기와의 10년에 걸친 신중하고 긴 연애로 부친과 차별화를 이루어냈다. 예컨대 신분사회 영국에서 왕세자와 평민의 결혼은 그의 대중신화적 이미지를 배가시켰다.

캐서린은 미모와 패션 감각에서 다이애나 비를 연상시키는 데다 다이애나의 사파이어 반지를 물려받고서 둘이 함께 다이애나 묘소를 찾은 것도 대중의 다이애나에 대한 향수를 크게 자극했다. 다시 요약하자면 MENA 지역 민초들이 기대하고 요구하는 민주화 열기는 이번 영국 왕실이 연출한 잘 짜인 로열 웨딩처럼 평화와 자유의 세계에서 가능한 행복의 진수를 만끽할 수 있다는 초대 역할까지 겸했다. 행복한 사랑과 행복한 가정의 구축은 국경과 신분을 넘어 전 세계인에게 필요한 공통의 염원이자 로망이기 때문이다.

4. 첫 원주민 출신의 대통령을 선택한 볼리비아

일반적으로 민주주의가 인간의 기본권을 지탱하는 보루라고 생각하고 있다. 그러나 이 정치제도가 시행되고 정착되기까지는 비용이 많이 든다는 점이 옥에 티다. 앞에서 사례로 살펴본 터키와 브라질, 그리고 영국의 경우가 특히 그렇다. 결론부터 말하자면 어떤 정책을 도출할 때에는 모든 사람들을 참여시키기보다는 선거라는 장치에 의해 대표성을 지니는 사람들이 등장하게 된다. 그렇다면 장기 집권에 따른 부정과 부패로 얼룩진 MENA 지역에서 민주주의만이 대안일까. 가난한 나라에서도 민주주의가 가능할까. 이 두 가지 가상(假想) 질문에 대해서 적합한 사례는 남아메리카에서 가장 가난한 국가인 볼리비아가 그 대답을 주고 있다.

■ 남미 최빈국의 변신

남미에 위치한 볼리비아의 면적은 한반도의 5배인 1,099km^{2}에 달한다. 인구는 990만 명에 1인당 GNP는 1,460달러(2008년 통계)다.

1825년 8월 스페인으로부터 독립한 볼리비아는 부족자원이 빈약하다. 여기다가 위정자들의 오랜 정치부패로 항상 가난을 등에 지고 살았던 나라에 속했다. 그러나 지금은 아니다.

그 많은 민주주의 국가에서 네 번째로 볼리비아를 소개한 것처럼 이 나라의 미래는 예전과 많이 다르게 발전하고 있기 때문에 응당 소개가 필요했다. 우선 2009년 3월 불가리아는 다민족국가로 정치제도를 바꾸었다. 이전 공화국 시절에는 원주민이 착취의 대상이었다. 그런 사회적 상황에서 원주민 출신의 대통령이 선출된 것이다.

에보 모랄레스 대통령은 볼리비아에서 인디오(라틴 아메리카 원주민) 출신의 첫 대통령이다. 원주민 출신으로 가난에 찌든 어린 시절을 보냈다. 하지만 모랄레스 대통령은 '좌절'이 아닌 '희망'을 택했다. 어려운 환경 속에서도 벨트란 아빌라 오루로 고등과정을 마쳤다. 그리고 원주민에게 높은 진입장벽이었던 주류사회로 들어갔다. 24세였던 1983년 '코차밤바 열대지역 조합'의 체육비서를 맡으면서부터다.

1997년에는 하원의원에 당선되면서 정치권에 첫발을 디뎠다. 1999년부터는 현 집권당인 사회행동당(MAS)의 총재에 오른다. 2005년 12월 실시된 대선에서 53.7%라는 역사상 최고의 지지율로 대통령에 당선이 되었고, 2009년 1월에 대통령 연임 허용을 골자로 하는 헌법 개정에 따라 64.1%의 지지율로 재선에 성공했다. 이를 통해 에보 모랄레스 볼리비아 대통령은 서구의 자본과 정치적 취약과 경제적 지배의 모든 관계를 종식시켰다. 또 유엔에 물과 자연 등을 보편적 인류의 인권으로 인정해 달라고 요청했고 유엔이 이를 공식으로 채택했다.

■ 한국을 찾은 에보 모랄레스 대통령

2010년 8월 25일 에보 모랄레스 볼리비아 대통령은 대통령으로서는 처음으로 한국을 찾았다. 산업화가 한창이던 1965년 한·볼리비아 수교가 맺어진 지 꼭 45년 만이다. 모랄레스 대통령의 첫 한국 방문은 '미지의 땅이자 먼 나라'라는 볼리비아 인식을 '경제협력 파트너'로 바꾸는 계기로 이어졌다. 그 가시적인 결과물은 우리에게 생소한 비철금속인 리튬이다. 이 리튬은 전기자동차 배터리에 필요한 2차 전지 원료의 하나다.

■ 세계 리튬의 40%를 보유한 볼리비아

전기자동차 배터리와 휴대전화 등에 사용되는 리튬은 원소기호 'Li'로 표기되는 비철금속으로 분류되는 백색 금속제로 물과 공기를 만나면 급속히 산화되면서 열전도체용 합금으로 사용될 뿐만 아니라 가장 작고 가벼운 용기 내에 가장 많은 에너지를 저장이 가능해 배터리 원료로 많이 쓰이고 있다. 2차 전지의 원료인 리튬은 2010년 시장 규모가 13억 달러에서 오는 2020년에는 778억 달러로 거대 시장이 기대되고 있다. 볼리비아에서는 리튬 제조기술이 없어 아직 개발이 되지 않고 있다. 하지만 전 세계 리튬의 40%가 매장된 것으로 알려진 우유니(Uyuni) 호수 개발권을 얻기 위해 한국과 일본과 중국 등이 경쟁을 벌이고 있다. 향후 리튬 전지 시장에서 우위를 점하기 위해서는 안정적인 원료 확보가 필수적이기 때문이다.

이를 간파한 볼리비아 정부는 최근 이 리튬을 외국 자본에게 광구권을 주는 대신 기술과 자본을 투자한 국가와의 거래방식을 택하고 있다. 비록 지금은 남미에서 가장 가난한 나라인 볼리비아이지만 천연가스와 리튬의 매장 자원에 의해 부국을 꿈꾸고 있다. 그 맨 중앙에 인디오 출신으로 첫 대통령에 연임된 에보 모랄레스 볼리비아 대통령이 있다는 점은 가장 확실한 미래 보증수표가 될 수 있다. 990만 명의 볼리비아 민초들은 모랄레스 대통령이 선택한 공화정보다는 다민족국가로 거듭나고 있는 사회행동당(MAS)의 정책과 국가경영의 능력을 믿는 일에서 그 가능성을 보았기 때문이다.

따라서 비록 처음에는 국가와 민초를 위해 정권을 잡았던 MENA 지역의 독재자들이 지금은 관련 국가의 민초들에 의해 민주화를 요구받고 있지만, 에보 모랄레스와 같은 지도자를 그들은 기대하고 있는지 모른다.

Chapter 7
인사이드-과거와 미래는 있고 현재는 없다

1. 유스퀘이크에서 퍼펙트 스톰까지

시대와 장소가 어우러져 역사가 된다. 반대로 역사가 시간과 장소를 불러 모으기도 한다. 이러한 명제는 사회과학의 발전인자가 되는 당위성(當爲性) 확보에 의해 힘을 받기 마련이다. 우연의 일치이겠지만 지금 아랍의 역사는 인터넷 시대의 무기인 휴대폰의 가상공간에서 어우러진 값진 결과다.

인터넷과 휴대폰은 재스민 혁명의 불을 지핀 연료였다. 이 연료를 자유자재로 사용할 줄 아는 아랍의 젊은이들은 무엇을 요구하고 있을까? 무엇을 기대하고 있을까? 무엇을 희망하고 있을까? 이 세 가지 물음에 대한 대답은 앞에서 소개한 대로 '빵의 요구'와 '민주화 열기', 그리고 이제부터 시작할 '젊은이의 일자리 확보' 등으로 결론을 지을 수 있다.

우선 재스민 혁명을 구체화시키고 있는 아랍 세계의 젊은이들은 트위터와 페이스북의 달인이다. 고등교육을 마친 학력의 소유자답게 인터넷이라는 가상공간을 마음대로 휘젓고 다니길 생활화하고 있다. 네트워크로서 다시 네트워크화한 정보의 공유까지 겸하고 있다. 따라서 그들의 머리는 유럽인이고, 가슴은 이슬람이고, 발을 디딘 땅은 가난한 삶으로 치부하고 있기 때문에 자신 스스로 재스민 혁명에 가담할 수 있었다.

거대한 아랍의 역사 속에서 장기간 독재자로 군림한 제인 엘아비디네 벤 알리(튀니지)를 비롯하여 호스니 무바라크(이집트)와 알리 압둘라 살레(예멘) 대통령을 권좌에서 끌어내리는 일은 불가능하게 느껴졌지만 현실은 그렇지 않았다. 물론 여기에는 들불처럼 번지기 시작한 민주화 열기에 따라 세 가지 사회변화가 이를 돕고 있다. 예를 들면 아랍인에게 잊고 있었던 '자부심의 부활'과 우리도 이제 '혁명을 하면 되는구나' 하는 자신감, 그리고 독재자들이 한결같이 심어둔 비밀경찰에 대한 '두려움을 떨쳐버릴 수 있다'는 공포심 불식 등이 함께 작동하면서 비롯되었다. 이를 아랍 세계는 '유스퀘이크(Youthquake-청년 지진)'로 가늠하고 있고 동시에 아랍의 '퍼펙트 스톰(완벽한 폭풍)'으로 간주하기 시작했다.

그렇다면 왜? 어째서? 어떻게? MENA 지역의 '히티스테(담벼락에 기대에 빈둥빈둥 놀고 있는 젊은이)'들이 재스민 혁명에 단 하나뿐인 자신의 목숨을 담보하게 되었을까? 아마도 그들의 본심은 '과거와 미래는 있지만 현재는 없다'는 데 분노한 몸짓에서 예사롭지 못함이 진하게 묻어 있다. 예전에는 상상할 수 없는 신선한 충격 그 자체로 말이다.

■ 인터넷 시대의 역설

역사의 바퀴를 멀게 갈 것이 없다. 1998년 9월에 있었던 동독과 동유럽의 공산체제가 어이없이 무너진 데는 팩시밀리라는 통신기술(CT)이 결정적 구실을 했다. 반면 최근 MENA 지역에서 벌어지고 있는 민주화 열기는 인터넷이라는 가상공간에서 트위터와 페이스북에 의한 네트워크화한 정보기술(IT)이 지대한 구실을 하고 있다. 이를 두고 아웃사이드의 견해는 21세기 아라비아 판(版) '재스민 혁명의 실체'라고 부르고 있다. 역사의 무대는 주역이 있듯이 이들 주역은 바로 아랍 세계의 젊은이들이다. 이들이 요구하는 것은 첫째도 일자리 확보이고, 둘째도 일자리 확보다. 그렇다면 왜 그토록 이들은 일자리 확보에 목말라 했을까? 흥미롭게도 인터넷의 역설에 그 답이 있다.

자신들이 필요로 하는 일자리는 기성세대가 독차지하고 있으면서 이들의 진입에 높은 장벽만 치고 있는 것이다. 그리고 이것도 부족해서 기성세대는 자신의 아방궁을 짓기에 혈안이 되고 있다. 아랍 젊은이들은 트위터나 페이스북을 통해 가상의 민주주의와 독재자가 비밀스럽게 구축한 아방궁의 실체를 파악하고 있었다. 특히 바레인 왕실의 아방궁은 제3자의 입장에서 보아도 분노와 질타의 대상이 되게끔 도를 넘는 초호화판이었다. 대표적인 사례인 바레인에서 심각한 주택난에 시달리는 바레인 서민들은 2006년 구글 서비스를 통해 40여 개에 달하는 하마드 빈 이사 알할리파 국왕 일가의 궁전을 보고 그 화려함에 경악했다. 이 강소국 바레인 왕궁은 비좁은 국토와 달리 말키야와 카르자칸, 사다트와 샤라칸 등 4개 마을을 합친 면적과 맞먹는 그야말로 대저택이었다.

　이런 이유 때문에 뉴욕타임스 칼럼니스트인 토머스 프리드먼은 재스민 혁명을 촉발한 변수는 구글어스(Google Earth)라고 진단하고 있다. 다른 이유로는 로이엘 마르크 민주주의수호재단 선임연구원의 주장처럼 "아랍인들에게 민주국가는 먼 이야기였다. 그러나 이들은 인터넷을 통해 가상의 민주주의를 먼저 맛보았다"고 진단하고 있다.

　이집트 시위가 성공할 수 있었던 데는 '4월 6일(2008년에 일어난 노동자 파업 기념일)'과 '모하마드 엘바라데이(전 국제원자력기구 사무총장) 팬 페이지' 등 페이스북 동호회가 큰 역할을 했다. 이집트 무바라크 정부가 인터넷 차단을 시도했지만 미국과 유럽 등 국외에서 버를 둔 사이트까지는 폐쇄할 수 없었다. 부도덕한 현실에 의해 아랍에서 번지고 있는 재스민 혁명은 젊은 지진을 일으켰고 결국은 완벽한 폭풍으로 발전하고 있는 형국을 연출하고 있는 것이다.

　이를 트위터와 페이스북으로 무장한 아랍 젊은이들이 주동하여 혁명의 기치에서 앞장서고 있다. 그래서 재스민 혁명에 거는 기대는 현재의 중요성이 배제됨에 대한 보충이 될 수 있다.

2. 극우 포퓰리즘이 해외진출의 발목을 잡고

지난 20년 동안 아랍권의 인구 구성이 크게 바뀌었다. 현재 MENA 지역 인구의 약 3분의 1이 30세 미만이다. 이집트의 29%를 비롯하여 리비아(28%)와 튀니지(29%), 예멘(30%)과 바레인(28%) 등이다. 이처럼 30대 아랍권 젊은이들이 마땅한 일자리가 없기 때문에 항상 좌절과 은둔을 벗해서 살았다. 우선 정치적 자유와 경제적 기회가 주어지지 않는 현실에 방황하는 젊은이들은 이제 변화를 요구하고 있다. 유럽 젊은이들이 지향하는 머리대로 미로를 개척하는 민초들과 바를 바 없다. 절망과 은둔, 그리고 방황은 스스로 긍정적 삶의 반대 방향인 부정적 일상에 만족하는 데 길들여지면서 '탈(脫) 조국과 원(願) 유럽'이 로망이 되었다.

그러나 이것 역시 여의치 않았다. 최근 유럽연합 회원국들은 극우(極右) 포퓰리즘의 영향으로 인도주의에 반하는 우경화로 치닫고 있다. 그래서 아랍권 인구의 진입은 상대적으로 열악해졌고 이제는 대놓고 막고 있다. 이러한 유럽 국가들의 분위기에 의해서 아랍권 젊은이들의 로망은 그림의 떡이 되었고 기대마저 저버리게 만들었다. 한때는 늙은 유럽연합의 젊은 수혈로서, 3D업종의 적임자로 환영까지 받았지만 그게 전설이 되어 버렸다.

▪ 확산되는 반이민과 반이슬람 정서

모든 정책과 정치 행위가 선거라는 민주주의의 행위로 귀결되기 때문에 전 세계는 국민의 표심에 따라 요동치기 마련이다. 특히 장기 불황에 지친 유럽의 표심이 민족주의와 반(反)유럽통합의 기치를 내건 극우 성향의 정당을 향하고 있다. 소수자에 대한 관용문화가 뿌리를 내린 북유럽에서조차 반외국인 정서를 자극하는 정당들이 각종 선거에서 약진하며 유럽의 정치와 사회의 지형을 더 각박하게 만들고 있다. 여기다 극우 정당은 이민자와 외국인에 대한 반감을 공공연하게 드러내는 극한 모습까지 보이고 있다.

2011년 4월 11일 실시된 핀란드 총선에서 극우 정당 '진짜 핀란드인'이 19.0%를 기록했다. 이는 2007년 총선 당시 4.1%보다 무려 5배 가까이 높은 득표율로 중도우파 국민연합당과 사민당에 조금 뒤진 3위에 올랐다. 이처럼 극우 정당들이 선전하면서 결국 국수주의(國粹主義)가 기승을 부리고 있다. 이 때문에 아랍권 젊은이들의 외국행 로망은 갈수록 어려워지고 있어 그들의 발목을 붙잡는 형국을 연출하고 있다.

▪ 중동 탈출주민 유입이 우경화에 한몫

이런 분위기 속에서 점점 불안으로 MENA 지역 주민들의 탈출 행렬이 유럽 대륙으로 이어지자 이민자들에 대한 유럽인들의 경계심과 국수적 정서는 갈수록 높아지고 있다. 실제로 핀란드 총선이 실시된 4월 같은 날 프랑스 정부는 튀니지 난민 출신 이주자를 싣고 국경을 넘어오는 이탈리아 열차를 강제 정지시켰다. 이탈리아 정부는 최근

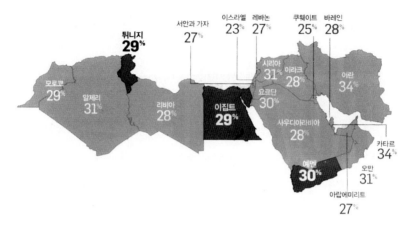

서안과 가자
27%

이스라엘
23%

레바논
27%

쿠웨이트
25%

바레인
28%

튀니지
29%

모로코
29%

알제리
31%

리비아
28%

이집트
29%

시리아
31%

이라크
28%

요르단
30%

이란
34%

사우디아라비아
28%

카타르
34%

예멘
30%

오만
31%

아랍에미리트
27%

도표 7-2 중동지역 30세 미만 인구 비율

람페두사 난민수용시설에 있던 튀니지인 2만 6,000명에게 임시거주증을 발급한 뒤 이 임시거주증 소지자는 프랑스 및 EU 회원국을 비자가 없이 여행할 수 있다고 주장했었지만 이에 제동이 걸린 것이다. 심지어 데이비드 캐머런 영국 총리도 같은 시기 이민자 감축계획을 발표했다. 스페인 역시 이주자 출국을 촉진시키기 위해 3년 내 재입국하지 않는다는 각서를 쓴 이주자에 대해서 편도 항공권과 1만 달러 지원제도까지 도입하려 하고 있다. 하긴 독재정권이 무너진 튀니지와 이집트는 물론이고 내전 중인 리비아에서 수많은 난민이 배를 타고 지중해를 건너고 있다. 문제는 그 불똥을 이들 국가에서 가장 가까운 이탈리아가 혼자 다 뒤집어쓰고 있다는 점이다.

이탈리아에는 올해에만 2만 3,000명의 난민이 몰려왔다. 이탈리아는 다른 유럽 나라에게 호소했지만 독일과 프랑스를 비롯한 다른 국가들은 나라마다 난민정책이 다른 만큼 이탈리아가 알아서 하라며 팔짱만 끼고 있다. 화가 난 로베르토 마로니 이탈리아 내무장관은 "이탈리아만 외톨이가 되었는데 이런 상황에서 우리가 EU 일원으로 남아 있는 것이 무슨 소용이 있는지 의문이 든다"는 주장을 내놓고 있다.

이래저래 민주화 열기에 편승하여 신분보장과 미래의 희망을 함께 공유하려는 이 지역 젊은이들은 점차 좌절하고 있다. 하지만 향후 시간이 흐르고 지도자가 바뀌면 개선의 여지는 있을 수 있기 때문에 지금보다는 좀 더 발전된 그들의 미래에 대한 기대는 끊임없이 이어질 터다. 어쨌든 민주화 열기는 이미 지펴지고 있어 이를 주도하는 주역으로서 자부심과 긍지감에서 일단은 재스민 혁명을 완수시키는 일부터 챙기는 분위가 더 인상적으로 드러나고 있다. 그들의 대다수가 30대 미만의 젊은 피로서 가장 민주주의 달인의 경지에 오른 시대적 주인이기 때문에 스스로 주역의 실력이 발휘될 수 있다고 보아야 한다. 그러나 경제현실은 이들의 요구에 상응한 대접은커녕 좌절감에 상처를 입고 있기 때문에 바로 그 점이 안타까움을 더하고 있다.

3. 살인적인 실업률은 예나 지금이나 변하지 않고

MENA 지역의 젊은이들이 절망과 좌절에서 견디기가 힘든 것은 구조적인 산업기반 시설의 미비에다 사회적 인프라 기반의 부족에서 오는 상대적 빈곤이다. 결국 장기적인 독재자들의 국가 운영에서 빵의 요구와 맞물린 살인적인 물가고와 높은 실업률(失業率)은 이미 통계 수치에서 잘 드러나 있다. 예를 들면 재스민 혁명이 처음 발발한 튀니지 14.1%를 비롯하여 이집트 12.4%와 리비아 30%, 예멘 35% 등이다.

이렇게 높은 실업률은 이 지역 젊은이의 취업환경과 직결되고 있어서 갈수록 일자리 찾기에 어려움을 호소할 수밖에 없게 되었다. 트위터와 페이스북이 혁명의 연료라면 이들의 젊음은 혁명의 존재이유로서 평가대상이 되었다. 그만큼 젊은이에 대한 양질의 일자리 창출은 시급을 요하는 절체절명의 국가적 과제로 등장하고 있다. 이 시급을 요구하는 과제의 척결 없이는, 번지는 민주화 열기가 가시지 않을 것이고 계속 번지는 형국으로 이어지게 돼 있다. 이미 혁명은 들불처럼 번졌다. 아랍권 전체가 젊은이의 피에 의해 대변혁의 열기로 피어오르고 있다. 이들이 지핀 재스민 혁명은 반동의 힘도 거세다. 지금의 리비아처럼 일진일퇴의 형국이 곳곳에서 형성되고 있다. 형태는 여간 다른 것이 아니지만 젊은이들이 혁명의 주역으로 등장하면서 먼저 민주화라는 하늘을 보았다. 파도가 넘실대는 지중해를 닮아 이제 끝이 아닌 시작으로 가늠해서 들불처럼 일어나고 있다. 그래서 젊은이들이 만들고 있는 가상 민주주의라는 공간은 네트워크화에 의해 다양한 형태로 양산되면서 혁명의 폭풍을 배가시키고 있다. 1990년과 비교해서 다른 형태이자 매우 다른 포맷으로 말이다.

이들을 거리로 내몰고 있는 동기부여는 두 가지로 요약할 수 있다. 크게는 아랍권 독재자들은 무엇을 했는가? 하는 물음과, 독재자들의 구태의연한 국정 운영 스타일에 대한 반기 등이다.

■ 중국은 미국의 대항마로 나서는데 아랍은 무엇을 했는가

국제문제를 다루는 인터넷 저널 '글로벌 리스트'는 "아랍 청년들은 2008년 베이징올림픽과 중국 경제의 급부상을 인터넷과 위성방송으로 목격하고 큰 충격에 휩싸였다. '무언가 심각하게 잘못되었다'는 이들의 분노는 자기 배를 불리는 데 급급해 온 독재자들에 집중되었다"고 전했다.

1981년 중국에서 2달러 미만으로 생활하는 극빈층의 비율은 97.8%였다. 그러나 중국의 외환보유액은 2011년 4월 현재 3조 450억 달러에 달해 세계에서 가장 많은 미국 달러를 보유하고 있다. 그들은 독재자들이 집권하는 시간인 30년 동안 이렇게 극명한 대조를 이루고 말았다. 제대로 된 일자리 하나를 가지지 못한 그들이 어찌 분노하지 않겠는가? 어찌 눈은 감고, 귀는 막고만 있겠는가?

어디 이것뿐일까? 아랍 세계는 3억 명이 넘는 인구를 보유하고도 지난 60년간 인구 700만 명의 강소국 이스라엘에 빈번히 굴욕을 당했다. 아랍 독재자들은 그런 이스라엘의 관계를 교묘하게 이용해서 국내 민주화 요구를 억누르고 압제를 강화했다. 따라서 MENA 지역 젊은이는 양질의 일자리 얻기에 손을 놓고 대신 대(對) 이스라엘 관계에서 오랫동안 쌓인 이들의 분노가 자국 지도층을 향해 폭발한 것이라는 시각도 적지 않다. 과거 아랍 연합군이 네 차례 중동전쟁에서 모두 이스라엘에 패하자, 이집트와 요르단은 이스라엘과 평화협정을 맺었다. 이 지역의 젊은이는 이를 굴욕적인 평화로 여겼다. 2011년 초 미국 의회보고서에 따르면 이집트 무바라크 정부는 이스라엘과의 평화협정 대가로 1979년부터 연평균 20억 달러를 받았었다. 이 거금인 원조금은 대부분 군부에 투자하며 독재를 굳건히 했다. 민초들에게나 젊은이에게는 벗어나 있었다. 요르단도 2009년 미국으로부터 5억 1,300만 달러를 받았지만 국민은 실업률 30%에 허덕였다. 이스라엘과 적대 관계인 시리아는 1980년대 예산의 20% 이상을 국방비로 쓰면서 민주화와 산업화 모두에서 실패했다. 아부다비 주재 미국 중동 외교관은 이렇게 정리하고 있다.

"아랍 독재자들이 틈만 나면 낙후된 경제와 사회 부조리 등 자국
문제를 이스라엘로 돌렸다. 하지만 이제는 성숙해진 아랍 젊은이들
이 자국 내부의 모순을 고치려 스스로 나서고 있다. 이게 바로 아
랍 세계에서 들불처럼 일고 있는 재스민 혁명의 실체임과 동시에
아랍 젊은이들이 들고 일어난 동기부여가 되었다. 이 문제를 푸는
단초는 결국 이들에게 양질의 일자리 창출과 제공을 통해서 해결
될 수밖에 없다. 왜냐하면 살인적인 실업률이 예나 지금이나 변하
지 않고 그대로 유지된 사회적 구조가 선결되어야 하기 때문이다."

4. 아랍의 적을 테러와의 전쟁으로 풀고

"USA! USA!"

오사마 빈 라덴의 사망이 공식 발표된 5월 1일 밤 미국 워싱턴 백악
관 앞 광장에는 수천 명의 시민이 운집했다. 많은 군중은 국가를 열창
하며 손에 든 성조기를 나부끼며 그의 죽음을 반겼다. 9·11테러가 발
생한 지 10년째가 되었다. 9·11테러의 주범인 빈 라덴의 죽음으로 '테
러와의 전쟁'의 가장 큰 성과가 달성되자 미국 전역이 들썩이며 환호
했다. 이 같은 미국 전역의 축제분위기는 최근 재선 도전을 선언한 버
락 오바마 대통령에게 대형 호재로 작용될 수 있다. 중동지역 정세불
안을 비롯하여 국제 유가 상승과 재정 적자 등으로 골머리를 앓던 오
바마 대통령이 단번에 지지율을 올릴 수 있는 기회가 되고 있어서다.

이에 반해 아랍권 언론들은 "빈 라덴의 죽음이 테러의 끝이 아니
다"라는 반응을 보였다. 알자지라 방송도 "빈 라덴의 죽음은 테러리
즘의 한 장이 끝났다는 것을 의미할지언정 테러리즘의 끝이 아니다"
라면서 "알카에다의 위협은 여전히 남아 있다"고 말했다. 하긴 오사
마 빈 라덴은 MENA 지역의 젊은이에게는 두 가지 얼굴을 지녔다. 영

웅과 저주의 대상이기에 그렇다. 이처럼 한 사람임에도 불구하고 극명한 대조를 이룬 인물은 근대 아랍역사에서 달리 찾기가 어렵다. 평화를 외면한 테러를 주무기로 삼은 그 점을 빼면 말이다. 자유와 구속을 일삼던 독재자와 미국과의 연결고리를 끊으려는 그의 노력에 대한 평가에 따르면 빈 라덴에게는 영웅의 이미지가 존재했다. 반면 해외에서 그들이 좋든 싫든 관계없이 빈 라덴으로 인해 테러의 이미지로 다가오게 된 것은 저주였다. 그래서 알자지라 방송은 그의 죽음이 테러리즘의 끝이 아님을 분명하게 제시하고 있다. 아니, 그렇게 가늠해서 아랍권 젊은이들에게 재스민 혁명으로 모처럼 맞고 있는 자부심 고취와 미래 희망의 완수를 위해 분발하게끔 하는 의미로서 빈 라덴의 죽음을 정리한 것이다.

■ 알카에다의 네 개의 세력-AQAP · AQIM · 하마스 · 헤즈볼라

그동안 알카에다(오사마 빈 라덴이 만든 이슬람 무장 조직)는 최근 정부군과 반군을 가리지 않고 침투하여 세력 확대를 시도하고 있었다. 그러나 이번 빈 라덴의 사망으로 인해서 이 테러 세력의 미래가 불투명해지고 있다. 아프가니스탄에 있는 알카에다 본부(Al Qaeda · 1988년 설립)의 와해설이 끊임없이 흘러나오고 있기 때문이다. 대신 정세 혼란과 내전양상으로 치닫고 있는 예멘과 리비아 등에 설립된 두 개의 지부의 세력이 이를 대신하는 것으로 알려지고 있다.

예멘에 위치한 아라비아반도 알카에다(AQAP · 2009년) 지부의 지도자 안와르 알올라키는 최근 인터넷 잡지 '인스파이어' 기고를 통해 "예멘과 이집트 등 MENA 전 지역에서 지하드(성전)를 수행하는 우

리 무자헤딘(전자)들의 기운이 고양되고 있다"고 주장하고 있다. 반면 최근 알카에다 북아프리카 지부인 이슬람 마그레브 알카에다 (AQIM · 2002년)가 리비아 동남부 도시 알자프의 카다피 정부군 무기고에서 러시아제 RPG-7 대전차 로켓 등을 말리로 운송하는 것은 리비아 정부군의 협조가 없이는 불가능한 일이다.

얼마 전에 영국으로 망명한 무사 쿠사 전 리비아 외무장관은 "2001년 미국의 아프가니스탄 전쟁 이후 체포된 쿠바 관타나모 수용소에 수감되어 있던 리비아 출신 알카에다 대원 수피아 빈 쿠무 등이 동부 도시 데르나에서 시민군 장병들을 훈련시키고 있다"고 밝혔다. 또한 팔레스타인 가자지구를 장악하고 있는 이슬람근본주의 무장정파 하마스는 친미성향의 무바라크 전 이집트 대통령의 축출로 위축되어 있다지만 어느 정도는 알카에다와 연결이 된 상태다. 레바논의 시아파(派) 무슬림 무장조직 헤즈볼라의 경우에도 수니파가 집권하고 있는 사우디아라비아와 레바논에서 벌어지고 있는 시아파들의 반정부 시위 배후로 지목되기도 했다. 1982년 이스라엘의 레바논 점령에 대한 반발로 조직된 헤즈볼라는 이스라엘에 가까운 관계를 유지하고 있는 무바라크 전 이집트 정부가 물러나면서 활동의 폭을 넓히고 있으나 이것 역시 빈 라덴의 사후 조금씩 흔들리고 있다.

■ 테러와의 전쟁에서 악재는 아직도 남아 있고

최근 MENA 지역에서 테러의 역사를 쓰고 있는 알카에다는 재스민 혁명으로 정세 불안이 계속되는 가운데 이를 '신념의 피난처(faith-haven)'로서 확장 기회로 삼았다. 이를 두고 릭 넬슨(Nelson) 미국 전략국제문제

연구소 국토안보 국장은 "중동의 정세 불안은 국제 테러리즘의 맥락에서 이해하는 것이 중요하다"고 강조하고 있다. 넬슨 국장은 최근 이집트 정세불안과 관련해서 "무슬림형제단이 정권을 잡는 것보다 더 가능성이 큰 당면 위협은 정부의 통제가 약해지면서 1만 7,000명에 달하는 테러분자 수감자들이 풀려날 수 있다는 점이다. 이들은 하마스, 헤즈볼라와 연관이 있기 때문에 석방되면 국제사회의 대테러 관리에 심각한 위협요소로 작용할 수 있어서 그게 문제가 된다"고 밝혔다.

'테러 종식'이라는 국제사회 이익과 MENA 지역 국민의 정치·경제·사회적 욕망을 조화시키는 매우 어려운 작업이 기다리고 있음을 지적한 것으로 이해할 수 있다. 넬슨 국장의 조언과 도움말로는 "빈 라덴 사후에 있어 장기적으로 이 지역에서 알카에다를 억제할 수 있는 최선의 방법은 중동국가들이 자유롭고, 경제적으로 안정된 사회로 발전할 수 있도록 끊임없이 뒷받침하는 것밖에 없다"고 말했다. 그의 지적에 포함되어 있지 않았지만, 중동지역 전문가들은 빈 라덴의 사후 테러집단은 정권 탈취보다 거점 확보를 위한 세력 확대에 중점을 두고 있기 때문에, 이를 이용한 테러의 종식을 위해서는 젊은이들의 의식개조와 함께 양질의 일자리를 창출할 필요성이 있다고 한다. 빈 라덴의 미국 작전명 '제로니모(Geronimo)'가 성공리에 종료함과 같은 맥락이다.

■ 모로코의 세계문화유산까지 폭파 테러로 신음

모로코의 중심 도시 마라케시 도심의 제마 엘 프나 광장(廣場). 유네스코가 세계문화유산으로 지정한 이 광장의 아르가나 카페에서는

4월 28일(현지시각) 무장 세력의 폭탄 테러로 외국인 11명을 포함한 14명이 사망하는 사고가 발생해서 테러의 종식을 위한 목소리가 높아지고 있다. 현지 경찰에 따르면 알카에다 조직의 소행으로 보고 있으며, 이들은 테러의 종식에 대한 도전으로서 자신의 존재를 알리려는 의도였던 것으로 파악하고 있다.

우선 '아르가나 카페'의 건물 파괴와 사망자 속출은 불특정 다수를 향한 무차별 테러로서 우리 모두에게 '테러의 종식'이 얼마나 중요하고 힘든 과제인지를 적나라하게 알려준 사례 가운데 하나다. 이런 일이 일어나지 않아야만 재스민 혁명의 주역인 MENA 지역의 젊은이들이 마음대로 전 세계를 무대로 웅지를 펴고 자신의 특기를 마음대로 펼칠 수 있을 것이기에 안타까움을 더하고 있다.

차제에 결론적으로 이를 한 줄로 요약하자면 응당 이들을 위한 도움말과 처방이 뒤따라야 하지만, 이를 외면(?)한 것은 훌륭한 교육시설과 인재양성 프로그램에 대한 소개는 이 책 마지막 장에서 다시 만날 수 있기 때문이다. 이들은 우리가 생각하고 상상하던 이상의 훌륭한 교육 인프라를 보여주는데, 카타르의 '에듀케이션 시티'와 아부다비 소재의 '지식마을' 등은 세계적으로 봤을 때도 수준급이다.

8 아웃사이드-현재를 담보한 희망의 미래

1. 인재양성과 연구개발(R&D)에 올인하는 국제도시 싱가포르

세계 젊은이들이 대학교를 다니면서 자신의 전공을 살리고, 스펙을 쌓고, 또 미래를 향해 올인하는 일은 이제 새삼스러운 일이 아니다. 대학교 졸업도 중요하지만 기성세대의 일자리와 상충되고 있기 때문에 이를 인지해서 스스로 자기 길을 찾아가는 일이 필요하게 되었다. 이러한 젊은이에게 맞춤교육으로 유명세를 얻고 있는 여러 나라 가운데서 MENA 지역에 걸맞은 나라는 싱가포르가 제격이다.

■ 인재가 만드는 허브 싱가포르

'북(北)으로 1도(One North)'
적도보다 위도 1도가 높은 아열대(亞熱帶)권 국가 가운데 최고 선진국인 싱가포르의 위상을 대변하는 표현이다. '1'이라는 숫자는 '최고'를 뜻한다. 2011년에 들어서자 싱가포르는 제2단계 도약의 시동을 걸고 있다. 목표점은 역시 명실상부한 1등 국가의 쟁취다. 미국과 영국과 같은 제1세계의 최상층부로 진입하겠다는 의지가 매우 강하다. 1등을 위해 최근 싱가포르는 핵심성장 엔진을 교체 중이다. 과거 20년 동안 경제발전의 주축이었던 물류와 제조업 등을 밀어내고 인재양성을 위한 교육산업에 국가 중흥을 도모하고 있다.

싱가포르에는 현재 유럽 최고의 MBA인 프랑스 인사이드를 비롯하여, 시카고 경영대학원과 MIT대학 등이 둥지를 틀었다. 이를 통해 자국민은 물론 외국 유학생을 포함해서 글로벌 인재들을 양성하고 있다. 그럼에도 불구하고 싱가포르 지도자들은 '아직도 배가 고프다'고 아우성이다. 리콴유 전 총리는 2009년 구정 연설에서 "그동안 제3세계로부터 제1세계 밑바닥까지 왔다"면서 "이제 톱 선진국으로 진입하기 위해 새로운 변신이 필요한 때다"라고 강조했다. 이를 두고 미국 시사주간지 타임은 이 같은 변신 요구를 "향후 싱가포르 운명이 외국 이민에 달렸다고 생각하기 때문이다"라고 분석했다.

실제 싱가포르 경제의 30% 가까이를 담당하던 하이테크 제조업의 일자리가 중국 때문에 줄고, 출산력도 감소하는 상황에서 1등 선진국 진입을 위해서는 인구를 600만 명(지금은 470만 명) 정도로 불려야 하고 그러기 위해서는 100만 명 이상의 외국 이민을 받아들여야 한다. 그래서 싱가포르는 서양 따라잡기 전략인 'East+West' 방식을 통한 개발정책을 펴 왔었다.

이는 2004년 리센룽(Lee Hsien Loong) 총리가 등장하면서 밝힌 '무제한 관광(tourism unlimited)' 전략과, 앞에서 소개한 리콴유 전임 총리의 '제1세계 밑바닥(the lower half of the 1st World)에서 톱 선진국 (the upper half)'으로 진입하기 위한 전략이다. 싱가포르 경제성적표를 들여다보면 이러한 끊임없는 논의들이 그야말로 '부자 몸조심'이라는 생각이 절로 든다. 싱가포르는 서울과 비슷한 크기의 땅에 인구 470만 명, 1인당 국민소득은 34,760달러로 아시아에서는 일본 다음으로 높다. 2008년 9월의 외환위기를 맞으면서 금융업 위주의 정책이 매우 심했고 제조업 빈약으로 한때나마 어려움을 겪었기에 더욱 글로벌 인재양성에 매진함을 알 수 있다.

■ 또 다른 싱가포르 승부수는 R&D 허브 구축

또 다른 싱가포르 승부수는 R&D 허브 노력이다. 공급사슬(Supplying Chain) 전략에 따라 생산은 임금이 훨씬 싼 중국과 인도에서 이뤄지도록 하고 싱가포르는 연구개발에 집중해 고부가가치화하고 지식과 관련된 일자리를 적극 창출하겠다는 비전을 실행하고 있다. 이를 위해 싱가포르 정부는 현지에서 일하는 외국인들에게 10개월만 지나면 바로 영주권을 신청하라고 초대장까지 보내고 있다. 한마디로 외국인이 살기 좋고 차별이 없는 '국제도시' 싱가포르에 눌러 살라는 의미다.

또 싱가포르국립대학교(NUS) 등 국립대학들은 외국인 유학생에게 학비의 70%가량을 장학금으로 주고 3년간 싱가포르에서 의무 근무를 하게 한다. 레자 모하르 NUS 외국학생부장은 "1990년 초 10%였던 외국인 학부생 수가 2010년에는 50%를 넘어섰고 이 중 60%는 영주권을 얻어 싱가포르인이 된다"고 설명했다. 인재를 앞세워 아시아 허브 국가로 성장하고 있는 싱가포르는 인재 양성과 함께 연구개발 (R&D)까지 챙기고 있는 것이다.

■ 싱가포르를 이끌고 있는 핵심공무원의 헌신적 국가봉사

2010년 3월 15일 저녁. 싱가포르의 쇼핑가 오차드 로드의 메리터스 만다린 호텔에는 리센룽 총리와 주요부처 장관과 싱가포르를 이끌고 있는 핵심 엘리트들이 총집합했다. 제22회 '2010년 핵심공무원(AS -Administrative Service) 만찬'을 열기 위해서다. AS만찬은 지난 1989년 이후 매년 새로 AS에 진입했거나 승진할 AS을 축하하기 위해 모이는 자리다. 국가수행과 개발에 핵심역할을 하는 행정관(Administrative Officer)과 복잡한 행정 수요 대응에 필요한 조정관(Management Associate), 그리고 복수경력직 간부(Dual Career Officer) 등이 만찬에 초대를 받는 주인공들이다.

싱가포르 공무원 세계는 15개 정부부처 등에 근무하는 6만 7,000명과 50여 개 정부 산하기관에 근무하는 준공무원 5만 명 등으로 이루어져 있다. 이들을 통해 싱가포르가 외국인에게 각인되고 있었던 각종 저해요소를 불식시키고 있다. 이를테면 '벌금공화국'과 '따분한 비즈니스 허브' 등의 나쁜 국가 이미지에서 벗어나는 일이다. 이를 벗지 못하면 세계의 인재를 끌어들일 수 없을 뿐 아니라 나아가 1등 선진국 진입이 불가능하다는 판단에 따른 자구책 강구를 이들에게 책임을 지우고 있는 것이다. 그래서 활기 있고, 글로벌 인재가 모이는 국제도시 싱가포르를 만들기 위해 많은 양의 국가예산을 집행하고 있다.

싱가포르는 인재가 모이고 동시에 돈이 되는 것에는 모든 빗장을 풀면서 새로운 변신을 서두르고 있다. '바른생활 나라 싱가포르'는 마리나베이에다 샌즈리조트단지를 구축해서 외국 자본의 카지노까지 '무재한 개방'으로 국가를 키우고 있다. 이러한 싱가포르 대변신은 모두가 'AS만찬'에서 발표된 내용으로서 '적도의 뉴욕'과 '적도의 런던'을 만들기 위한 범국가적 자구책이 되고 있다. 이를 통해 MENA 지역에서는 현재를 담보한 미래를 위한 대안으로서 싱가포르 인재양성 정책은 귀한 모범사례가 되고 있다.

2. 100만 명의 해커(黑客)를 거느린 중국

선진국은 사회적 일자리를 크게 늘릴 수 있는 방법 모색에 혈안이다. 지금의 MENA 지역 사례가 아니더라도 세계의 젊은이는 지구촌 미래의 운명을 책임질 인재이기 때문이다. 그래서 기성세대들은 '창조형 사회적 일자리'를 그 대안으로 삼고 있다. 다시 정의하면 소셜 네트워크가 득세하는 디지털 생태계가 요구하는 수준의 일자리 창출의 바탕은 이미 구축되었다.

애플의 아이폰과 아이패드가 기하급수로 늘고 있는 디지털 경제의 인프라는 자의든, 타의든 문명의 이기를 통해 확산되는 추세다.

앞에서 여러 차례 소개했던 트위터와 페이스북을 자유자재로 활용하고 일상화하는 현대 청년 소비자들은 비단 선진국에 국한된 것이 아니라, 재스민 혁명을 통해 너무나 잘 알려진 대로 MENA 지역에도 예외를 두지 않고 있다. 따라서 현재를 담보한 희망의 미래를 영글고 있는 현장에서 크게 주목을 받고 있는 나라가 13억 인구 대국 중국이다.

중국은 최근 3조 400억 달러라는 천문학적인 외환보유액을 보유한 국가답게 디지털 경제의 미래를 밝게 진행시키고 있다. 결론부터 말하자면 100만 명이 넘는 해커(黑客)를 거느린 중국이 이들을 정보기술(IT)을 통한 'IT전사(戰士)'로 만들고 있는 것이다.

■ 창조형 일자리 확보는 디지털 경제의 대들보

미국 달러화의 블랙홀인 중국에 3조 달러가 넘는 외환보유액만큼 양질의 해커가 있다는 것은 그리 잘 알려지지 않는 뉴스다. 국방부 발표에 따르면 중국 인민해방군은 5만 명의 해커와 사이버부대 250개를 운영하고 있다. 여기다가 인터넷에 친숙하고 개방적인 바링허우(八零後-1980년 이후 태어난 세대)인 이들은 이미 소셜네트워크의 달인이 되었다. 이를 합하면 중국은 100만 명 이상의 해커(黑客)를 거느린 세계 최대의 IT전사의 산실이나 마찬가지다. 따라서 중국이 이처럼 거대한 외환보유액을 통해 세계 경제를 호령하듯, 앞으로 이들 해커에 의해 큰 영향력을 발휘할 것이란 사실은 쉽게 짐작할 수 있다.

2009년 7월 디도스 대란과 2011년 4월 농협의 전산망 파괴 등에서 보았듯이 이들 해커의 공격은 경제적 손실은 물론 사회에 큰 충격을 준다. 우선 창조형 사회적 일자리 창출을 극대화시켜 보면 MENA 지역의 젊은이들에게 창조형 사회적 일자리에 하나로서 'IT전사(戰士)'가 한 대안이 될 수 있다.

■ 보편적인 기대평가

중국에서 청년층에게 양질의 일자리 제공은 보편적인 평가로서 크게 두 가지다. 기부문화를 통한 보편적인 기대와 정책적인 기대 등이다. 여기서 보편적인 기대 평가는 기부문화의 발달이다. 중국은 선진국을 벤치마킹하기 바쁘게 기부문화에 대한 대안으로 기업적 측면의 기부문화 활성에 적극적이다. 100만 명 해커(黑客)를 IT전사로 거듭나게 하는 데 있어서 재원 마련과 사회 분위기를 확신시키는 일에 매진하고 있기 때문이다. 모든 창조적 사회의 일자리를 국가 재원으로 육성하기에는 한계가 있다. 따라서 기부문화를 장려하고 이를 통한 인재양성 프로그램을 활성화시키는 일이 중요함을 간파한 것이다.

중국은 지식·문화·예술·정보기술(IT)의 도움이 없이 노동과 자본 등 생산요소의 투입량을 늘려 경제를 성장시키는 구시대적 전략으로는 이제 더 이상 살아남을 수 없다는 데 인식을 같이하고 있다. 이 과정에서 창출되는 질 좋은 청년층 일자리에는 더할 나위가 없는 기회가 된다. 물론 당근도 있다. 무엇보다 기부문화에 동참한 기업에는 소득세와 법인세 감면 폭을 늘려주는 일이다. 그래서 중국의 100만 명 해커의 등장은 우리 모두에게 예사롭지 않게 비치고 있다.

■ 정책적인 우대 평가

최근 중국은 젊은 층 일자리 창출에 대한 정책적 우대로서 글로벌 보헤미안 양성에 나서고 있다. 글로벌 보헤미안은 사회관습에 구애받지 않고 집시처럼 전 세계를 떠돌아다니는 방랑자의 의미로 쓰인다. 자신의 주특기인 정보기술을 통한 해커를 비롯하여 자유분방한 예술가와 지식인 취향의 문화인 등이 국경의 장벽을 뛰어넘어 해외에서 일자리를 찾는 일이 늘고 있다.

글로벌 보헤미안 양성에서 중국이 서구와 다른 점은 아프리카와

동아시아에 걸친 개발도상국에서 이루어지고 있다는 점이다. 예를 들면 늘어나는 외환보유액을 등에 업은 중국 기업들이 이 지역에서 비즈니스에 임하거나 해외자원 확보를 나서면서 필요한 비즈니스 인력 동원에 따른 청년층 일자리를 제공하는 정책적 측면의 인재를 포함시키는 일을 고려하기 시작한 것이다. 해당지역의 해외자원 싹쓸이가 해외국가와의 관계에 악영향으로 비치는 것에 대한 대안으로 이들을 포함시켜 국가적 차원의 중국판 보헤미안을 추가시키는 일로 서구와의 차별성을 살리고 있다.

중국의 젊은 층은 예전에는 톄판완(鐵飯碗-철밥통)으로 통하는 국가 공무원이 되기 위해 대학을 택하고 있었지만 그들의 행동반경이 전 세계를 아우르자 해외진출 기업을 따라 글로벌 보헤미안이 한 대안으로서 제시되면서 동참 행렬이 계속적으로 늘고 있다. 자신의 능력을 믿고 나 홀로 창업하는 청년층보다 해외의 경험과 스펙을 쌓아서 시행착오까지 줄이는 실속파 청년이 대세를 이루고 있는 것이다.

이러한 추세는 중국 기업환경의 성숙도에 기반한 국가 정책적인 우대 평가로서 새로운 일자리 창출의 트렌드로 자리를 잡고 있다. 이를 다시 패러디해 보면 국가 위정자의 외면과 기성세대의 일자리 지키기에 비켜 서 있는 MENA 지역 젊은 백수에게는 더없이 좋은 취업 정보가 될 수 있다. 이게 바로 외환보유액 3조 400억 달러를 확보한 13억 중국의 일자리 창출 방식의 현주소이다.

3. 코리아 S세대의 고민

한국 청년백수 200만 시대. 하지만 코리아 S세대는 최근 한 권의 책에서 함께 울고 웃었다. 현실의 벽에서 그들은 솔직했다. 한국 기성세대로 지칭되는 베이비붐 세대와 다르게 처신했고 또 준비하는 일에 더 무게중심을 두었다. 너무나 다른 직업 환경이 글로벌 경제를 닮아 옛날 기준과 가치관은 교과서식 의미라고 느낀 결과다. 매우 자조적인 메시지로 코리아 S세대를 향한 김난도는 『아프니까 청춘이다』라는 책표지에 이렇게 적었다.

'그대는 눈부시게 아름답다.'

■ 그대는 눈부시게 아름답다

김난도 교수는 이 책에서 코리아 청춘을 이렇게 격려하고 있다. 아니 이렇게 읊조리고 있다. "불안하니까 청춘이다. 막막하니까 청춘이다. 흔들리니까 청춘이다. 외로우니까 청춘이다. 두근거리니까 청춘이다. 그러니까 청춘이다!"

이 책의 부제로 삼은 '인생 앞에 홀로 선 젊은 그대에게'는 MENA 지역의 젊은 20대까지 아우르는 전 세계 젊은이에게 주는 시대정신으로 안성맞춤이 되고 있다. 코리아의 S세대는 양극화에 저항하거나 경제적 부를 중시하고, 가난을 극복하려는 기존의 베이비붐 세대와는 다르다. 열심히 사는 것과 잘사는 것이 비례하지 않다는 경제 현실 앞에서 그들은 분노하면서도 저항할 틈마저 없었다. 곧바로 생존방식을 터득해야 했다. 대부분의 코리아 S세대는 스펙 쌓기와 인맥, 글로벌 취업과 온라인 창업 등을 통해 저마다 생존전략을 찾고 있기 때문이다.

■ 청년실업률은 0.4%가량 늘고

우리는 코리아 S세대의 고민과 어려움에 관한 통계를 가지고 있다. 2011년 1월 12일 통계청이 발표한 '2010 고용동향'에 따르면 2010년 한 해 연간 고용률은 58.7%를 기록해 2009년보다 0.1% 상승했다고 발표했다. 반면 15~29세 고용률은 같은 기간 오히려 0.2% 하락한 40.3%를 기록했다. 2002년 60%를 정점으로 2008년 59.5%, 2009년 58.6%까지 떨어졌던 전체 고용률은 2010년 58.7%로 조금씩 나아지고 있다. 경기회복에도 상승폭이 낮아지는 까닭은 청년 고용이 오히려 감소하는 데 있다. 15~29세 취업자는 2006년 427만 명에서 2010년 391만 명으로 미끄러지는 추세다. 또 청년실업률도 2009년 8.1%에서 2010년 8%까지 낮아지고 있다.

이 때문에 한국 이명박 정부는 '제1차 고용정책조정회의'를 열고 2011년 공공부문 일자리 55만 5,000개를 만들겠다고 공포했다. 물론 여기에는 아주 심각한 청년실업에 대한 개선책의 일환으로 다양한 고용 프로그램을 신설할 것이 포함되어 있다. 그러나 현실적으로 코리아 S세대의 고민은 잇단 경제적 위기 등의 불안을 안고 양극화 시대 무한경쟁에 내몰린 이들이 과연 자신의 꿈을 제대로 실현할 수 있을지 염려하는 목소리를 들어보면 그 이유에 근접할 수 있다. 우선 이들이 마음껏 자신의 능력을 펼칠 수 있도록 기성세대와 사회가 힘을 모을 필요성에 동감해서 이를 국가적 정책으로 삼는 일이 중요하다고 볼 수 있다. 이를 통해 다양한 기회와 사회적 안전망이 갖추어진다면 S세대는 이전 세대가 갖추지 못한 뛰어난 스펙과 전문성과 탁월한 생존감각으로 한국 사회를 이끄는 강력한 추진체가 될 것이라는 기대는 어느 시대, 어느 정권보다 높다.

앞의 사례에서 보았듯이 싱가포르와 중국의 경우에 코리아 S세대까지 교집합시켜 보면 재스민 혁명의 새로운 미래 기대치로서 청년층 일자리 확보는 어느 정도 해법에 근접함을 볼 수 있다. 이를 필자인 나만의 제안이기 전에 세계 공통의 문제로 인식해서 사회 전체가 이제부터 여기에 대한 모법답안을 제시하는 일이 시급함을 알아야 할 것이다.

　다시 김난도 교수가 제시한 모범답안을 찾아나서 보자. 멕시코 출신 화가 프리다 칼로가 평생 세 가지 소원을 통한 '내 안의 혁명'을 완수시킨 그 감동 드라마를 다시 읽어 보아야 한다. 그렇다고 칼로의 세 가지 소원 중 거창하거나 실행 가능성이 어려운 것은 아무것도 없었다. 고작 그녀의 남편 디에고와 함께 사는 일과 화가 출신이기에 계속 그림을 그리는 일에다 조국 멕시코가 처한 시대정신으로 혁명가가 되는 일 등이다. 여자가 결혼하면 남편과 함께 사는 일은 보통의 권리이고 의무다. 그런데도 칼로는 왜 남편과 함께 사는 일을 첫 번째 미션으로 삼았을까?

　칼로는 22세 때 21년 연상인 화가 디에고 리베라와 결혼했다. 이미 디에고는 두 번이나 결혼한 경력에다 바람둥이였다. 혼외정사를 일삼는 디에고는 그 일에 칼로의 여동생도 포함시킨 천하의 바람둥이였다. 또한 칼로는 어린 시절 소아마비를 앓은 뒤 불편했던 다리 때문에 고통을 받으며 일생을 지냈다. 이것도 부족해 교통사고를 당해 하반신 마비의 장애까지 평생 짊어지고 살아가는 심신이 피로한 화가였다. 그래서 더더욱 디에고와 함께 사는 일이 중요했었을 것이다.

　두 번째 미션인 그림 그리기는 그녀가 조물주로부터 받은 유일한 달란트다. 그래서 자연과 사물을 화폭에 담는 예술 혼에 올인해야만 되었다. 멕시코 돌로레스 올메도 파티뇨 미술관에 소장된 그녀의 '부러진 척추'는 자신의 과거와 미래를 그대로 투영시킨 작품이다. 교통사고로 고통받은 자신을 모델로 등장시켜서 말이다.

　마지막 세 번째 미션은 사회주의 혁명을 꿈꾸고 살았다는 것이다.

페미니스트의 시각에 의한 작품 활동으로 여성주의 혁명을 온몸으로, 자신의 작품으로, 자신의 혁명적 불꽃을 인생의 지지대로 삼아 분출시킨, 예술혼으로 승화시킨 우리 시대의 영웅이 되었다. 진정한 혁명가는 거리로 광장으로 국기를 나부끼며 혁명대열에 참가하는 것도 중요하지만, 자신의 특기인 예술혼을 작품으로 남긴 디에고 칼로의 혁명적 참가가 우리가 사는 이 세상에 존재하고 있다는 점이 감사할 뿐이다. 이를 비약시키고 포장하면 지금의 MENA 지역에서 필요한 양질의 일자리 창출도 여기서 오십보백보가 아닐까 싶다.

PART 3 | Prideful MENA

■ ■ ■ 아랍의 봄으로 되살아난 아랍의 자부심은 이제 세계 현대사에서 지각변동을 일으키고 있다. 천연자원 부국으로 '졸부(猝富)의 나라'와 '여권이 상실된 나라'로 인지해서 대접했던 MENA 지역은 이번 재스민 혁명으로 새롭게 전 세계인의 주목을 받기 시작했다.

2012년 재선을 앞둔 버락 오바마 미국 대통령이 '오바마의 도박'에 출사표를 던지면서 생긴 주목이 담긴 '아랍인의 자부심'으로 통한다. 미국 정가(政街)의 최대 스폰서인 유대인들의 반발을 무릅쓰고 강행한 오바마 대통령의 도박은 1967년 이전의 경계선이었던 기준에 의해 이스라엘과 팔레스타인 영토 분쟁을 해결하려는 의도가 알차다. 이는 실타래처럼 얽히고설킨 중동지역 평화를 완수하기 위한 사전 조치로서 압권에 속한다. 이른바 'Prideful MENA(자부심이 강한 중동과 북아프리카 지역)'에서 핵심 키워드가 되기 때문이다.

그동안 미국의 발목을 잡아 온 일방적인 이스라엘 중시 정책과 선을 그음으로써 중동사회의 큰 난제인 이스라엘과 팔레스타인 문제 해결에 돌파구를 찾겠다는 의지의 표시이기에 그렇다. 물론 여기에는 빈 라덴의 사살로 인한 자신감이 계기가 되었다는 분석에 국민적 지지가 뒷받침되면서 가장 껄끄러운 이슈를 정면 돌파하는 추동력 확보와 같은 맥락에 있다.

오바마 대통령의 발표가 나오자마자 아므르 무사 아랍연맹(AL) 사무총장은 "팔레스타인 문제는 중동지역 불안의 핵심이다"면서 "이제부터 이스라엘과 팔레스타인은 협상의 속도를 내야 한다"라고 주문했다.

따라서 PART 3의 Chapter 9는 이 지역 국제기구의 세 가지를 소개했다. 또 Chapter 10은 사막에 핀 영춘화(迎春花) 재스민이 읊조린 다섯 가지 주제를 통해 아랍의 자부심에 필요한 여러 가지 사례를 제시했다.

Chapter 9 MENA 지역의 국제기구

1. 아라비아 해(海) 경제권을 아우르는 GCC(걸프협력회의)

종교와 언어가 동일하다는 조건을 안고 이슬람권역 국가들은 이미 국제무대에 나섰다. 우선적으로 이슬람이라는 동질감을 바탕으로 '하나의 시장(市場)'을 만들어서 그들이 안고 있는 한계점을 벗어나고 있다. 실제 우리가 알고 또 인지한 이슬람권역 국가들은 이번 재스민 혁명으로 다시 전 세계인의 주목을 받고 있지만 서구의 잣대로 보면 크게 세 가지의 한계가 도사리고 있다.

우선 재스민 혁명이 발발한 튀니지를 비롯하여 이집트와 예멘 등에 번진 이들 나라의 고질적 병폐는 민주화 지연과 종족 분쟁 등 정치 리스크를 안고 있다는 점이다. 다음은 이슬람 종교행사로 인한 제조업의 어려움에 노출되고 있는 것이고, 마지막 세 번째는 부의 집중과 청년실업으로 인한 구매력 악화 등과 같은 한계이다. 이러한 약점과 한계를 벗어나야만 진정한 국제무대에서 자기 목소리를 낼 수 있다는 아랍권 국가들의 공통된 인식을 바탕에 깔고 출범시킨 국제기구가 바로 걸프협력회의(GCC-Gulf Cooperation Council)이다.

▪ GCC 결성 배경

GCC는 1981년 5월 아라비아 해(海) 연안의 6개국(사우디아라비아·쿠웨이트·카타르·UAE·오만·바레인)이 주축이 되어 역내 안전보장 협력을 강화하기 위한 목적으로 결성한 국제기구다. GCC의 공식 명칭은 'The Cooperation Council for the Arab States of the Gulf'로 약칭인 GCC로 통칭하고 있다.

올해로 꼭 31년 전에 만들어진 GCC의 역사는 이슬람 경제권역에서 가장 성공한 케이스로 꼽히고 있다. 풍부한 오일머니를 바탕으로 MENA 지역까지 동일 경제권으로 흡수하는 등 괄목할 만한 성적표를 쌓고 있어서다. 다시 GCC 역사를 돌아보면 1976년 오만에서 개최된 걸프 외무장관 회의에서 아라비아 해 연안지역의 공동 안보 및 관계 정립 논의가 처음 있었다. 하지만 서로의 의견 차이에 따른 협의체 구성이 지연되다가 1979년 이란의 이슬람 혁명과 소련의 아프가니스탄 침공을 지켜보면서 다시 GCC 결성은 급물살을 타기 시작했다. 분명 1980년의 이란과 이라크 전쟁의 발발은 이들 국가의 공동 안보 협의를 촉진시키는 계기가 되었다.

1981년 개최된 이슬람회의기구(OIC) 정상회의에서 이 지역 국가의 협력이 구체적인 의제로 채택되었다. 이해 2월 사우디아라비아 리야드에서 열린 6개국 외무장관 회의에서 GCC 초안이 작성되었고, 5월 아부다비에서 아라비아 해 연안 6개국은 권역 전체를 아우르는 지역 경제협력체인 GCC를 정식 발족시켰다.

■ GCC 조직 체계

GCC 조직 체계는 최고 이사회와 각료급 이사회를 비롯하여 사무국으로 구성되어 있다. 각 조직은 필요한 경우에 대비해서 하부 조직을 두는 것을 포함한 일련의 조직 체계 운영을 GCC 헌장 제6조에 명기해서 실시하고 있다. 최고 이사회(Supreme Council)는 매년 개최되는 정상회담으로 최고의사결정기구이다. 의장은 알파벳 순서에 의한 순환제를 따르고 있다. 최고 이사회 권한과 의무는 GCC 헌장 제7조에 따라 GCC 최고 정책의 입안 및 지침을 설정하고 여타 국가 및 국제기구와의 협력 문제를 협의하는 것으로 규정하고 있다. 각료 이사회(Ministerial Council)는 회원국의 외무장관 및 분야별 각료로 구성시키고 있다. 의장은 가장 최근의 최고 이사회 의장국에서 맡아 분기별 정기회의 및 임시회의를 개최하고 있다.

산하 조직으로는 GCC 상사중재센터와 각국의 특허 업무를 관장하는 Patent Center, 그리고 GCC 표준기구와 1984년에 설립한 GCC 투자회사(The Gulf Investment Corporation)와 함께 GCC 국제은행(The Gulf International Bank) 등이 있다.

■ GCC 경제 현황

GCC는 원유와 천연가스가 풍부하여 이를 경제성장의 원동력으로 삼고 있다. 최근 들어 고유가 행진에 힘입어 지속적인 투자 확대를 통해 성장의 틀을 굳게 다지고 있다. 이 때문에 GCC의 경제 성장률은 세계 경제성장률보다 높은 수준을 유지하고 있다. 무엇보다 중동지역의 경제발전을 견인하고 있는 곳이 GCC라는 점에서 그 중요성은 크다고 할 수 있다.

하지만 2008년 9월 전 세계에 걸친 미국발 글로벌 금융위기를 겪으면서 2010년 GCC 지역 경제성장률은 2007년 7.3%보다 0.5% 성장한 7.8%에 이르고 있다. 최근 대한상공회의소가 발표한 「한-GCC FTA가 국내기업에 미치는 영향과 전략적 활용방안」에 따르면 GCC 인구 추이 역시 2007년 3,640만 명에서 2010년에는 4,000만 명으로 3년 사이에 360만 명이 늘어났다. GCC의 인구는 안정되게 증가하고 있어 경제성장에 따른 인력수급에도 도움이 될 것으로 판단된다.

그러나 그동안 지중해 연안 국가들에 비해 안정적이었던 GCC의 물가수준이 최근 들어 급격하게 상승하고 있어 경제 성장의 위협 요인으로 작용하고 있다. 2005년까지 3% 이하의 물가상승률을 기록했지만 2007년에는 7.3%와 2009년에는 9.4%까지 치솟았기 때문이다. 특히 GCC 국가들은 이슬람이라는 공통의 종교문화를 배경으로 하고 있으며 동시에 최근 리비아 사태에서 보았듯이 부족과 부족 간 문화도 가지고 있다.

경제적으로는 석유와 천연가스 등 에너지 자원을 보유하고 있는 산유국이라는 점에서도 공통점을 지니고 있다. GCC 지역에 관한 동질성은 소비시장의 유사성으로 직결된다. 이는 이 지역에 진출할 국가와 기업에는 GCC 지역을 하나의 단일시장으로 규정해서 수출입 관계를 전술적 차원으로 대응하는 기회요인이 되고 있다. 따라서 MENA 지역에서 국제기구의 하나인 GCC의 존재와 위상은 막중한 경제적 파워를 지니고 있기 때문에 거대한 영향력을 발휘하고 있음을 알 수 있다.

단위 : 억 달러

구 분	2001	2002	2003	2004	2005	2006	2007	2008	2009	2010
바레인	2	-1	2	5	15	22	29	23	6	10
쿠웨이트	83	43	94	156	301	453	422	602	286	417
오 만	19	14	5	11	52	57	25	50	-3	65
카타르	48	42	59	71	133	153	202	323	100	243
사우디아라비아	94	119	281	521	901	991	935	1,325	228	388
U A E	78	27	65	83	209	341	154	233	82	233
합 계	324	244	506	847	1,611	2,017	1,767	2,556	699	1,355

자료: IMF. World Economic Outlook database. 2011. 4.

2. 유엔에 이어 국제기구 2위 규모의 이슬람회의기구(OIC)

들불처럼 일고 있는 MENA 지역의 민주화 열기를 통해 전 세계 곳 곳에 '알리 아크바르(신은 위대하다)'의 함성이 요란하다. 여기에 빈 라덴의 사망과 함께 전 세계는 한동안 9 · 11테러의 여진과 중동지역 민주화에 따른 요구 등과 함께 지구촌 뉴스를 거의 점령하고 있다. 2010년에서 새로운 10년이 처음 시작된 2011년 상반기에 일어났던 재스민 혁명은 그렇게 세계 뉴스의 중앙에서 새롭게 이 지역의 변화 를 주목하기 시작했다. 지구상에 이슬람 국가로 분류되는 나라가 57 개국에 이르고 있다. 이슬람 인구만도 15억 명을 헤아린다. 태초 신의 말씀을 기록했다는 '꾸란'을 신봉하는 인구가 오는 2050년에는 지구 인구의 3분의 1에 육박할 전망이다. 1970년대 세계 1 · 2차 오일쇼크 로 일어선 중동지역 이슬람 국가들은 이제는 꾸란과 인해전술로 서 구를 압도할 태세로 성장하고 있다. 이들의 힘과 미래를 가늠하게 만든 국제기구가 바로 이슬람회의기구(OIC)이다.

▪ OIC 출범과 목적

1969년 각국의 이슬람 정상회담과 1970년 이슬람 국가 외무장관 회담에서 제의하여 1971년 5월 사우디아라비아 지다에서 설립된 국제기구가 바로 이슬람회의기구(OIC)다. 이 국제기구의 설립 목적은 사회·경제·문화·과학 활동의 협력을 통해 이슬람권의 결속을 증진시키기 위한 것이다.

일찍이 중동지역을 지배했던 서구에 대한 이슬람권 투쟁을 강화하기 위한 기치 아래 이 국제기구는 이슬람이 독립하고자 할 때라든가 인종적 차별과 편견에 대응하는 것에 중점을 두었다. 우선 팔레스타인에 대한 차별을 배제할 것을 약속하여 결성한 것으로 파악되어 한때나마 서구를 긴장시켰다. 이를 위해 이슬람금융을 크게 진작시키기 위해 이슬람개발은행과 이슬람 결속기금, 국제 이슬람 통신사와 세계 이슬람 교육센터 등을 설립하여 운영하고 있다.

▪ 9·11 테러와의 전쟁 선포

서구에서 아랍권 국제기구인 이슬람회의기구(OIC)에 관심과 지지를 보낸 일은 아이러니하게도 9·11테러와의 전쟁 선포에서 비롯되었다. 돌이켜보면 지난 2001년 10월 10일 아프가니스탄을 향한 미국과 영국의 공습에 대한 조치로서 카타르 도하에서 열린 이슬람회의기구(OIC)는 이 문제를 첫 의제로 상정하였다. 이 회의 개최를 이틀

앞둔 압둘 바헤드 벨카지즈 OIC 사무총장은 카타르 도하에서 "특정 집단 또는 개인에 의한 테러의 근절만이 아니라 테러의 원인까지 함께 논의하는 자리가 될 것이다"라고 밝혔다. 이 회의를 준비한 카타르의 한 관리는 "OIC와 병행해 하루 앞서 열리는 아랍연맹(AL) 22개국 외무장관회의에서도 아프가니스탄 공습이 의제가 될 것이다"라고 설명했다. 당시 이슬람 국가들은 9·11테러 공격을 비난하는 데는 한목소리를 내고 있었으나 아프가니스탄 탈레반에 대한 미국의 보복공격에 대해서는 미온적 입장을 취하고 있었다.

특히 공습 이후 일부 이슬람 국가에서 반미시위가 벌어지는 등 '이슬람 형제국가'에 대한 공습에 반대하는 여론이 일고 있어서 OIC가 어떤 태도를 취할지 예측할 수 없는 상태였었다. 결국 이슬람회의기구는 미국의 탈레반 공습에 대해 한목소리를 내는 일에는 성공하지 못했지만 OIC 목적에 따른 취지를 내세워 미국과 영국의 아프가니스탄 철수를 권유하는 선에서 카타르 도하 회의를 마무리했다.

이때부터 서구는 MENA 지역의 국제기구인 이슬람회의기구(OIC)에 대한 설립 배경과 설립 목적을 다시금 되새기는 계기를 만들었다. 이슬람 세계의 국제기구인 OIC는 올해로 40년째를 맞았고 최근 들어서는 이 기구의 발표와 협의내용이 곧 이슬람권 57개국의 정책이고 또 의견으로 통하고 있다.

간단하게 요약하자면 OIC는 광의(廣義)로 정리해 15억 무슬림이 믿는 이슬람 교리에 따라 정치 체제의 부흥과 정치적 현안을 풀고 다듬는 국제기구로 규정할 수 있다. 반면 다음에 소개할 아랍연맹(AL)은 지중해와 아라비아 해(海) 연안에 있는 아랍 국가들의 안전과 평화를 진작(振作)시키는 국제기구로 정리할 수 있다.

3. 아랍제국을 대변하는 국제기구 아랍연맹(AL)

아랍연맹(Arab League)은 1945년 3월 중동지역 평화와 안전을 확보하고 동시에 아랍제국의 주권과 독립을 수호하기 위해 창설한 지역적 형태의 아랍의 국제기구다. 이 국제기구에 가입된 국가는 현재 22개에 이르고, 이 국제기구 본부는 이집트 카이로에 있다. 주요 활동으로는 아랍제국의 정치적 협력과 분쟁처리와 전문위원회 운영 등으로 짜여 있다.

정식명칭은 아랍국가연맹(League of Arab States)이다. 이 정식명칭에서 미뤄보듯 아랍제국의 안전과 평화적 창달에 필요한 모든 국제현안을 가지고 이를 아랍연맹 의회가 처리하고 있다.

■ 공동방위 및 경제협력에 관한 조약 발표

아랍연맹의회(council)는 연 2회로 반년마다 개최하고 있다. 주요 문제에 대해서는 만장일치의 결정만이 구속력을 가진다. 아랍연맹의 기능은 크게 세 가지로 구분할 수 있다. 하나, 회원국들의 정치적 협력을 촉진하는 일에서 아랍제국의 목소리를 대변한 일이다. 둘, 아랍제국의 평화와 분쟁에 대한 파괴행위가 발생하면 함께 대처하는 기구로서의 위상정립이다. 셋, 아랍연맹 산하 전문위원회의 활동을 통해 사회문제와 문화와 커뮤니케이션 등에 대해 협력을 지도하는 기능을 지닌다.

■ 공동방위 및 경제협력에 관한 조약

아랍연맹이 처음 세계인의 관심을 끌었던 조약으로 지금으로부터 61년 전인 1950년 4월 13일 공동방위 및 경제협력에 관한 조약을 회원 국가 사이에서 합의한 일이다. 앞에서 소개한 이슬람기구회의에 구축하지 못한 다른 조약으로서 문화와 커뮤니케이션과 같은 비정치 분야에서 상당한 성과를 거두었다. 주로 쌍무적인 기반 위에서 경제적인 협력이 진척되었기 때문이다. 실제 연맹 내 비교적 순조로운 경제협력과는 대조적으로 정치적인 문제에는 다른 성과를 보였다.

그러나 사우디아라비아와 같은 보수적인 국가는 사회학적인 관계에 따라 다른 연맹 소속 국가와의 여러 분쟁으로 만성적 곤란을 겪었다. 그래서 세계의 화약고로서 지칭되는 중동지역의 지정학적 측면이 암시하듯 이스라엘과 팔레스타인에 관한 분쟁으로 야기된 여러 가지 문제로 내분이 생기면서 한때나마 아랍연맹의 기능이 약화되기도 했다. 예를 들면 1979년 3월 이집트와 이스라엘 간의 평화조약이 조인되자 아랍연맹은 이집트의 회원 자격을 일시 정지시키고 연맹본부를 튀니지의 수도 튀니스로 이전하기로 결정했다. 그러나 이집트는 1989년 다시 아랍연맹 회원국에 복구하는 등 시련의 시기가 없지 않았다. 또한 1990년 이라크의 쿠웨이트 침공에 관해 연맹국가 사이에서 분열이 생겨났다. 다시 이집트와 사우디아라비아의 중재로 아랍연맹의 기능이 제자리를 잡아서 오늘에 이르고 있다.

■ 아프가니스탄 한국인 피랍사건에서 아랍연맹의 협조

"여성을 해치는 것은 이슬람법에 어긋나는 행동입니다. 여성을 납치해 인질로 삼는 것은 잘못입니다. 탈레반은 협상 성사 여부에 관계없이 여성에게 해를 입히지 말고 즉각 석방해야 합니다."

2008년 8월 1일 아프가니스탄에서 한국인 2명 사살과 12명의 인질 피랍사태가 발생하자 아므르 무사 아랍연맹 사무총장은 이슬람 정신에도 어긋난 행동으로 규정해서 그렇게 탈레반을 비난하고 나섰다. 그 다음날에도 아므르 무사 사무총장은 "도움을 주러 온 손님을 해치는 것은 꾸란이 가르치는 관용의 정신에도 맞지 않는다"면서 "무고한 민간인을 해치게 되면 큰 죄를 안고 자힘(지옥)에 떨어질 수 있다"고 경고했다.

이러한 목소리와 우려가 아랍연맹에서 나온 것은 이례적이었다. 이에 따라 한국인에게는 아랍연맹(AL)의 존재와 기능을 새롭게 인식시키는 기회가 되기도 했다. 동시에 과격해진 아프가니스탄 지역 탈레반은 알카에다 조직처럼 테러조직으로 발전하는 모습에 매우 실망하기 시작했다.

2011년 5월 미군의 공습으로 빈 라덴의 사망사건을 보면서 5년 전인 아프가니스탄 한국인 인질사태와 겹치면 아랍의 봄이 가야 하는 길로서 아랍연맹의 미래상을 정립시키는 계기까지 기대하게 만들고 있다.

10 사막에 핀 영춘화(迎春花), 재스민

1. 사막이 품고 있는 카타르 에듀케이션 시티

혁명의 꽃바람이 사막으로 번지고 있다. 2003년 옛 소련의 동토(凍土)를 녹인 그루지야의 장미 혁명처럼 사막으로 뒤덮인 MENA 지역은 튀니지에 피고 있는 재스민의 봄으로부터 시작되었다.

재스민은 물푸레나뭇과(科)의 영춘화(迎春花)다. '봄을 맞이하는 꽃'이란 이름대로 얼어붙은 독재의 땅에 소식을 전하고 있다. 이 재스민 향기는 이집트로 번져 무바라크 정부를 전복시키고 리비아로, 예멘으로, 다시 시리아로 확대되고 있다. 단단한 얼음이 작은 송곳에 쪼개지고, 두터운 눈도 한줄기 봄바람에 스러지듯 재스민 혁명은 역사적 사건이 되어 이 지역의 민초들에게 희망의 메시지로 다가오고 있다. 재스민 혁명의 주역이었던 젊은이들이 들고 일어나서 철옹성과 같은 독재정권을 무너뜨린 것에 고무된 결과다. 이들은 국경과 인종, 종교와 부족을 넘어 인류 보편적 권리인 자유와 해방을 위해 들고 일어서는 과정에서 교육의 힘이 얼마나 귀중하고 소중한 것인지를 묵시적 가치로 증명했다. 그 교육현장이 카타르 도하에 있는 에듀케이션 시티가 그 대표적인 실체다.

■ 카타르의 교육 혁명

카타르는 아라비아 해(海) 연안에 위치한 천연자원이 풍부한 강소국(强小國)이다. 이미 2020년 월드컵 개최지로 정해진 국가이기도 하다. 사막의 도시 카타르 도하는 21세기 아라비안나이트의 역사를 다시 쓰고 있다. 옛날 머나먼 중국으로부터 뻗은 낙타의 길이었던 실크로드는 아스팔트 4차선 고속도로가 깔렸다. 나귀가 끄는 달구지가 사라지고 포르쉐 스포츠카가 시속 200km 속도로 그 위를 달리고 있다. 전통 이슬람 사원인 모스크 지붕 위로는 초고층빌딩 마천루(摩天樓)가 즐비하게 들어서 있다.

카타르는 천연가스 수출에 힘입어 이렇게 발전에 발전을 거듭하고 있다. 우선 국부(國富)가 넘치다 보니 교육도 복지도 모두 무료다. 해외 유학비용까지 정부가 지원해 준다. 그러나 해외 유학은 지도층 자녀들만 떠난다. 일반 국민은 대학에 갈 생각조차 없기 때문이다. 이처럼 낮은 교육열을 타파하기 위해 셰이크 하마드 칼리파 알 타니 국왕은 1995년 카타르재단을 세우고 교육과 연구에 국가 예산을 쏟아 붓기 시작했다. "기술이 날로 발전하는데 천연가스 경제로 언제까지나 국가 미래가 보장받을 수 없지 않겠는가?" 하는 문제의식에서 교육의 국제화를 국가 정책으로 정하게 되었다.

카타르재단의 최대 성과는 2003년 세워진 에듀케이션 시티(교육도시)이다. 도하 아시안게임을 성공적으로 치르기 위해 생긴 마천루가 즐비한 도하 시내에서 차를 서쪽으로 10분 정도 달리다 보면 1,000만㎡가 넘는 광활한 교육 단지가 펼쳐진다. 카타르 정부의 전폭적인 지원을 등에 업고 미국이 자랑하는 명문 대학의 분교를 도하에 유치하는 데 성공했다. 미국의 코넬대학을 비롯하여 조지타운대학과 텍사스A&M대학 등의 분교를 끌어들여서 이른바 '미니 아이비리그'라고 불리고 있다. 규모는 대학당 한두 개 건물로 단출하지만 각 대학의 간판 학과가 진출한 만큼 교수진과 시설은 탁월하다. 학비와 입학과 교육과정은 본교와 같고 수업은 모두 영어로 진행하고 있다. 콧대 높은 미국 명문 대학들이 카타르에 분교를 개설하는 이유는 역시 돈이었다. 그렇다고 대학에 대한 규제가 있는 것도 아니다. 카타르 교육법에 따를 필요도 없고 학교에서 얻은 수익도 모두 본교로의 송금이 자유롭다. 텍사스A&M대학 공대에서는 아랍 전통 의상을 입은 여학생들이 학업에 열중이다. 여성 활동이 제한된 이슬람 문화 때문에 유학을 못 가는 이들에게도 이곳은 귀한 교육통로가 되고 있다.

다른 중동국가에서 카타르로 유학을 온 학생들은 학비를 전액 대출받을 수 있고 졸업 이후 5년 동안에 나눠 갚으면 된다. 경기가 좋으니 졸업과 동시에 고소득 전문직으로 취업할 수 있다. 이는 유학생이 날로 느는 이유이다.

■ 격년제로 국제포럼 개최

카타르 정부는 2009년부터 한 차원이 높은 교육 투자에 나섰다. 21세기에 걸맞은 새로운 교육제도를 모색하기 위한 국제포럼을 개최한 것이다. 이 역시 카타르재단이 격년제로 주최하는 국제포럼으로 일반 적인 국제포럼과 달리 전문가와 정책입안자, 기업가 등을 아우르는 현실적인 교육 가치 추구에 초점을 맞추고 있다.

특히 교육계의 노벨상을 표방하는 시상식도 겸하고 있다. 명칭은 'Call for Project'이다. 주제는 세 가지로 지속가능성과 다원주의, 그리고 혁신 등으로 짜여 있고 참가자는 인터넷을 통해 신청이 가능하다. 이를 지켜본 다른 중동국가에서도 '미투(me too)' 전략에 따라 우후죽 순처럼 카타르재단과 닮은 교육제도를 모방하고 있다. 두바이의 지식 마을(Knowledge Village)이 그 대표적인 케이스에 속한다. 하지만 사 막에 핀 영춘화 재스민의 향기, 즉 MENA 지역의 인재양성과 인재등 용은 곧 미래에 대한 투자이다.

결론적으로 카타르재단이 세운 에듀케이션 시티의 투자와 기대는 우리가 생각한 차원을 넘어 미래와 기대를 함께 걸어도 좋다는 메시 지가 되고 있다. 이를 확인하는 마음이 일었다면 다음 두 개의 인터 넷 홈페이지를 클릭해 보자. 전자는 'www.wise-qatar.org'이고, 후자는 'www.dkvevents.ae'이다.

2. 예멘 누주드 알리의 여성해방, 그리고 힐러리 클린턴

무슬림 여성들의 옷차림에는 수천 년의 의상문화가 숨 쉬고 있다. 히잡을 비롯하여 차도르와 아바야와 부르카까지. 무슬림 여성들의 이 네 가지 옷차림은 고대 메소포타미아의 풍습에 의해 일상생활(日常生 活)과 의식(儀式)과 전통(傳統)이 고스란히 묻어 있다. 이들 복장은 고

대부터 전래된 의상으로서 강렬한 햇볕을 가리기 위한 수단으로 평가받고 있다.

여기에 그치지 않고 '존중을 받아야 할 여성'과 '그렇지 않은 여성'을 나누는 용도로 쓰였다. 꾸란 33장 53절은 '여성의상의 구절'로 꼽는다. 꾸란에는 '히잡'이 일곱 차례 등장하는데 무슬림 공동체의 정체성을 표시하고 여성이 성적 놀림감이 되는 것을 막기 위함으로 설명되어 있다. 서구의 잣대로 보면 이러한 무슬림 여성들에 의상은 여성해방 차원에서 벗거나 더 간소한 차림이 보편적인 가치를 지닌다. 그러나 최근 프랑스 의회의 부르카조사위원회는 무슬림 여성들이 공공장소에서 전신을 가리는 베일을 착용하지 못하도록 규제를 촉구하는 등으로 수난을 받고 있다. 응당 아랍의 잣대로 보면 말도 되지 않고, 또 보편적 가치에도 위배되는 행위에 해당되어 크게 논란이 일고 있는 것이다. 이를 통해 최근 무슬림들에 대한 일련의 반항과 규제 철회를 요구하는 데모는 '문명의 충돌'에서 으뜸이 되고 있다. 같은 이유에서 아랍 여성의 해방은 부르카와 아바야를 이해하고 관심을 모으는 단초로서 우리에게 다가오고 있다.

나는 이 책 5장 3절 소개한 '거센 여풍(女風)'을 다시 반복하는 일에 주저하지 않고 있다. 왜냐하면 아랍 여성의 해방을 진정한 재스민 혁명의 완수로 보고 있어서다.

■ 아바야 차림의 누주드 알리

예멘의 열 살 이혼녀 누주드 알리(Ali)의 의상이 아바야이기 때문에 전 세계인의 뇌리에 각인되는 아랍의상으로 회자되고 있다.

2008년 4월 2일. 중동지역 예멘의 수도 사나의 법원 로비. 검은 아바야를 몸에 감은 소녀 누주드 알리는 혼자 의자에 앉아 있었다. 아무도 흙투성이 맨발의 여자아이를 주목하지 않았다. 다만 모하메드 가디(Ghadi) 판사가 다가와서 법원에 온 이유를 물었다. 누주드는 이렇게 대답했다. "법원은 어려운 사람을 돕는 곳이라는데… 저, 이혼하고 싶어요." 바로 이 순간이 비인간적인 조혼(早婚) 사례로서 전 세계인에게 누주드 알리의 이야기가 알려진 순간이었다.

'세계 최연소 이혼녀'라는 누주드 알리는 두 달 전에 부친 알리 모하메드 아달(Ahdal)에 의해 결혼식장에 끌려갔었다. 부친 알리는 아내 2명에게서 누주드를 포함해 16명의 자식을 두었지만 청소부 직업을 잃고서 실직 상태였다. 누주드의 남편 알리 타메르는 30대로 오토바이로 물건을 배달하는 사람으로 알려졌다. 남편은 결혼 당일 밤부터 누주드를 성폭행했다. 낮에는 두려움에 떨며 울고, 밤에는 다시 구타와 성폭행을 당하는 날이 이어졌다. 두 달 뒤 결혼 후 처음으로 남편이 누주드를 수도 사나 변두리의 친정에 보내주었을 때 어머니가 빵 심부름을 시켰다. 누주드는 빵가게로 가는 대신 시내로 가는 버스를 탔다. 맨발로 걷고 또 걸어 법원에 도착했다. 법원에서 처음 만나 사람이 그와 같은 또래의 세 딸을 둔 가디 판사였던 것은 천운(天運)이었다.

가디 판사는 누주드의 이야기를 들은 뒤 6일 재판을 열었다. 이혼소송을 맡은 여성인권변호사 샤다 나세르(Nasser)를 통해 현지 영자신문지 예멘타임스에 누주드의 이야기가 보도된 뒤여서 법정은 예멘뿐 아니라 각국 방송매체와 신문매체 기자들로 가득 찼다. 이후 누주드의 삶은 바뀌었다. 뉴욕타임스 등 세계 유수의 언론매체들이 잇따라 누주드의 이야기를 게재하고 있었다. 또 유럽의 독지가들이 나서서 누주드의 교육비 지원을 약속하기도 했다.

■ 힐러리 클린턴의 예멘 타운홀 미팅에서의 약속

2011년 1월 중순.

힐러리 클린턴 미국 국무장관은 중동지역 순방길에서 예멘을 깜짝 방문하였다. 미국 국무장관이 그 나라를 찾기는 20년 만에 처음이었다. 알카에다가 침투한 나라이기에 그녀는 압둘라 살레 대통령 관저에서 세 시간 동안 독대하면서 안보와 개발문제 등을 이야기했다. 또 예멘은 남자가 아홉 살짜리 여자아이와 결혼할 수 있는 나라이기도 하다. 그래서 힐러리는 학생과 지역사회운동가와 여성 등 자신을 만날 수 없는 사람들을 직접 찾아 나섰다. 경호원들에게는 악몽이었겠지만 그녀는 예멘 수도 사나의 구시가지에서 좁은 골목길까지 돌아보았다. 그렇게 길 순례에 이어 타운홀 미팅(격의 없는 대화의 자리)으로 예멘 여성 지도자와 함께 커피타임을 가졌다.

힐러리 클린턴 옆에는 누주드를 비롯하여 샤다 나세르 예멘 인권변호사와 멜란 버비어 미국 세계여성문제 담당 정권대사 등이 참석했다. 1995년 힐러리가 퍼스트레이디가 되면서 버비어를 신뢰하여 결국 퍼스트레이디의 비서실장에 오르게 했고 지금은 오바마 대통령까지 설득해 정권대사 직무를 맡겼다. 물론 미국 시사전문지 뉴스위크는 이들의 사진을 크게 게재해서 힐러리 클린턴의 여성운동을 특집으로 꾸몄다.

힐러리와 누주드의 인연은 이것이 처음은 아니었다. 지난 2008년 11월 미국의 글래머 매거진이 누주드를 올해의 여성에 선정했다. 당시 힐러리는 미국 상원의원 시절이었고 누주드와 콘돌리자 라이스 (Rice) 국무장관 등과 함께 같은 무대에서 이 상을 수상한 이력을 지녔다. 누주드는 현재 다시 부모의 집으로 돌아가 살며 학교에 다니고 있다. 가장 사랑하는 여덟 살짜리 여동생 하이파와 함께 살기 위해서다. 누주드는 최근 국내외 기자들과의 인터뷰에서 "괴로운 경험이었지만 그 덕에 나는 더 강하고 지혜로워졌다"면서 "어려운 사람들을 돕는 사람이 되고 싶습니다. 나를 도와준 샤다 변호사처럼 되어서 다른 여자애들의 모범이 되고 싶어요"라고 밝혔다.

■ 미국 국무부는 캄보디아 쉼터에 주목하고

최근 사막에 지핀 재스민 혁명은 이제 여성해방운동으로 발전하고 있다. 여성의 가치에 의한 새로운 세상을 열기 위한 여러 가지 조치들이 도입되고 있어서다. 힐러리 클린턴 국무장관이 일부러 예멘의 누주드를 찾아가서 옆에 세우고 세계 언론에게 호소하였듯이 지금은 캄보디아에 이르기까지 그 영역을 확대하고 있다. MENA 지역에서 그녀가 할 일로서, 그녀가 챙겨야 할 일로서 여성해방운동은 그의 미션이 되고 있다. 1995년 중국 베이징에서 열린 유엔여성대회에서 그녀가 외친 연설에 세계 여성들이 환호했다. "인권(人權)이 여권(女權)이고, 여권이 곧 인권이다."

같은 맥락에서 힐러리 국무장관은 국무부 청사에 있는 제퍼슨 룸에서도 여러 각료들에게 다음과 같은 주문도 서슴지 않고 제안했다. "한 가지 부탁이 있습니다. 기회가 있으면 제발 쉼터에 찾아가 보시기를 바랍니다. 그곳에서는 인신매매 희생자들이 구조되어 새로운 삶을 찾으려고 애쓰고 있기 때문입니다."

힐러리가 부탁한 캄보디아 쉼터는 캄보디아 여성운동가 소말리 맘(Somaly Mam)이 운영하고 있다. 뉴스위크에 따르면 소말리 맘은 12세에 성폭행을 당했고, 14세에 강제 결혼했다. 그러다가 1991년 프랑스 인권운동가를 만나 파리로 탈출해 결혼한다. 그러나 4년 뒤 자신을 끔찍하게 학대한 캄보디아로 돌아간다. '국경 없는 의사회' 간호사를 가장해서 캄보디아 사창가에 들어가 콘돔을 나누어 주었다. 나중에 그녀는 캄보디아와 라오스 등에서 성매매 피해자에게 쉼터를 운영하는 비정부기구(NGO)를 설립했다. 그 기구는 지금까지 여성과 소녀 4,000여 명을 구제했다. 그러나 지난 2006년 그녀에게 운동을 그만두라는 경고가 왔다. 자신의 14세 딸이 납치되어 성폭행을 당했고 거의 성노예로 팔릴 뻔했다. 소말리 맘은 재회한 딸의 얼굴을 감싸고 이렇게 말했다. "당한 고통은 어쩔 수 없어. 이제 그 고통을 딛고 다른 사람을 도와야 해."

3. Cry, the Beloved Country!

오늘날 99% 무슬림으로 구성된 터키가 있기까지 터키의 국부(國父) 무스타파 케말을 배제하고는 이야기가 성립되지 않는다. 그에게 수식되고 있는 두 가지 이미지는 그래서 유명세를 더하고 있다. 하나는 지나친 우상화와 강요된 신비화이다. 다른 하나는 조국 터키를 향한 불꽃같은 열정과 사랑의 실천이다. 오죽하면 여성과의 결혼 대신 조국과의 결혼을 택했을까. 그가 숙명적인 조국의 찬가로서 불렀다는

'울어라, 사랑하는 조국이여!(Cry, the Beloved Country!)'가 이를 대신 상기시켜주고 있다.

이러한 조국 찬가는 2011년 봄의 재스민 혁명을 통해 터키의 과거와 현재를 한층 새롭게 조망하는 계기로 다가오고 있다. 그래서 나는 앞에서도 무슬림 국가인 터키를 주제로 하여 히티스테들이 요구하는 국가관으로 삼았다. 왜냐하면 조국 찬가를 불렀던 무스타파 케말의 '울어라, 사랑하는 조국이여!'는 10년의 시간을 흐르면서 그대로 전해졌고, 동시에 아프리카의 전설적 소설로 살아남았기 때문이다.

■ 남아프리카 소설가, 앨런 페이튼의 조국찬가

1930년대 억압과 착취의 땅 남아프리카에서 태어나 평생 조국을 사랑한 흑인 신부의 얘기를 다룬 앨런 페이튼의 소설『울어라, 사랑하는 조국이여!』는 남아공 최초의 세계적인 문학작품이다. 조국이 무엇이기에 조국더러 울라고 요구하는 것일까? 조국이 얼마나 소중해서 울어야만 되는 것일까? 조국이 얼마나 귀해서 울어야 되는 명분이 있다는 말인가? 이 세 가지 의문과 물음을 그대로 문학작품 속에 알알이 녹여 놓은 앨런 페이튼의 조국은 두말할 것 없이 국민이었다. 그는 남아공의 동족을 향해 조국을 위해 울기를 촉구했다. 조국을 위해 울 수 있는 나라는 칠흑과 같은 암흑 속에서도 기필코 일어날 수 있다고 믿었던 것이다.

페이튼이 사랑하는 조국을 향해 울라고 외칠 때 남아공에는 당시 30세의 넬슨 만델라를 비롯해 조국을 위해 울던 수많은 청년이 있었다. 그로부터 60년의 세월이 흐른 오늘날에 이르러서 남아공은 아프리카에서 절망적인 나라에서 어둠의 세월에 종지부를 찍고 새로운 희망의 국가로 부상하여 오늘에 이르렀다. 그 사실을 인정하듯 남아 공은 당당한 브릭스 5개국의 일원으로 중국 '산야 선언'에 동참했다. 그래서 제이콥 주마 남아공 대통령의 목소리에는 힘이 보태졌다.

실제 사랑하는 조국을 위해 흘리는 눈물은 결코 헛되이 마르지 않는다. 조국을 위해 단 한 번이라도 울어본 사람은 어떤 경우에도 조국에 누를 끼치거나 해를 끼치는 일은 하지 않는다. 그래서 단 한 번이라도 사랑하는 조국을 위해 울어본 사람은 자신의 사익을 위해 공익을 해치지 않는다. 단 한 번이라도 사랑하는 조국을 위해 울어본 사람은 권력을 사유화하지 않는다. 단 한 번이라도 사랑하는 조국을 위해 울어본 사람은 민항기 날개에 붙은 자국의 국기를 보거나 외국 항구에 정박한 외항선 선미에 나부끼는 자국의 국기에도 자긍심과 자부심을 맛보게 된다.

■ 결단과 실천의 리더십

터키의 이스탄불 시내를 걷다 보면 자주 마주치는 얼굴이 바로 무스타파 케말 아타튀르크(아타튀르크는 아버지라는 뜻이다)이다. 1923년 제1차 세계대전으로 패망해 가던 오스만튀르크 제국을 무너뜨리고 터키 공화국을 세운 케말 대통령은 왕정을 버리고 공화정을 선포했다. 헌법에 명시된 이슬람교 국교 조항마저 폐지했다.

많은 개혁정책 가운데 으뜸은 1928년에 시행한 문자개혁이다. 그는 아프리카·아시아·유럽 3개 대륙에 걸친 광활한 영토를 600년 동안 유지해 왔던 오스만튀르크 제국이 어이없이 일순간에 무너져

버린 가장 큰 이유를 민초들이 무지했기 때문이라고 생각했던 것이다. 그는 터키어를 아랍 문자를 대신해 라틴 문자로 표기하게 하고, 스스로 전국을 순회하면서 직접 가르치는 열정을 보탰다. 오늘날 터키 국민 대부분이 문맹 상태에서 벗어나 자유로운 문자생활을 할 수 있게 된 것은 그의 이러한 열정과 노력이 밑받침되었다.

하지만 이런 결과가 얻어지기까지는 엄청난 저항이 뒤따랐다. 이슬람 보수층의 조직적인 반발과 저항은 너무나 격렬했었고 끈질기게 계속되었다. 그러나 케말은 조국에 대해 세 가지 확신을 가졌고 동시에 사랑하는 조국을 위해 울 수가 있었다. 하나는 조국 터키가 진정으로 발전하고 유럽과 어깨를 맞대는 선진국가가 되기 위해서는 종교가 정치에 관여하지 말아야 한다는 원칙을 세운 것이다. 둘은 국가를 넘어서는 이슬람 연대보다는 철저히 국민국가 중심주의로 가야 한다는 믿음이다. 셋은 사회의 절반을 차지하는 여성의 능력 발휘와 사회참여에 대한 완전한 양성평등 지향이다. 이 세 가지 원칙들은 지금 MENA 지역에서 들불처럼 일고 있는 재스민 혁명의 결과물로서 하등 손색없는 원칙일 뿐 아니라 바로 세워야 하는 국가 백년대계의 필수적 과업이다.

그래서 케말 대통령이 완성한 터키의 국가개조 개혁은 아직도 유효하다. 왜냐하면 케말은 사랑하는 조국을 위해 울 수 있다는 마음과 자세로 이러한 세 가지 원칙을 관철해 냈기 때문이다. 그래서 지금 이슬람권에서는 독재자 대신 사랑하는 조국과 결혼할 수 있는 인물에 대한 기대가 드높다. 너무나 긴 시간 독재자와 서구에게 당하고도 이를 숙명적으로 인지해 살아왔던 그 수많은 시간에 대한 보상책으로서 새로운 인물에 대한 요구가 크게 일렁이고 있다.

■ 무스타파 케말 아타튀르크를 다시 기리며

케말 터키 초대 대통령이 처음으로 세상 사람들의 관심을 얻기 시작한 것은 제1차 세계대전에 동맹국으로 참전해 오스만 제국의 젊은 장교로서 여러 전투에서 혁혁한 전공을 세우면서부터다. 특히 터키 영토를 점령한 외국군을 몰아낸 독립전쟁의 영웅으로 그는 시대적인 요청에 따라 1923년 터키공화국을 건국했다. 1938년 사망할 때까지 케말은 터키 사회의 모든 분야에서 일관되게 개혁정책을 주도했다. 그 결과 오늘날 터키가 EU의 일원이 되고자 할 정도로 서구화하고 99%의 무슬림이 살고 있는 나라이면서도 현대적인 모습을 갖추는 기틀을 마련했다. 바로 이 점이야말로 2011년 봄부터 재스민 혁명을 겪고 있는 MENA 지역 민초들이 케말의 개혁정치에 주목한 이유이다. 이는 사랑하는 조국을 위해 사심 없이 울었던 케말의 '헌신의 리더십'이 있었기에 가능했다.

그는 MENA 지역 독재자들처럼 천문학적인 재산을 외국에 빼돌리기는커녕 한 푼도 남겨두지 않았다. 오직 사랑하는 조국 터키와 결혼해 자식도 두지 않았다. 다만 케말 대통령이 주장한 6개의 기본적 원칙은 지금 중동지역 국가 지도자에게 적용되고 꼭 통해야만 하는 아이템에 해당된다. 예를 들면 공화주의를 비롯하여 민족주의와 국민주의, 국가주의와 세속주의, 그리고 개혁주의는 줄곧 제3세계 국가의 통치원칙이 되었다. 비록 소련(지금의 러시아)의 몰락으로 제3세계의 존칭마저 사라진 2011년 봄의 재스민 혁명 시대라고 하지만 케말의 6개 원칙은 앞에서 여러 차례 언급한 중동지역 특유의 시아파와 수니파, 부족과 부족 간 분쟁, 이슬람과 기독교의 대립 등이 도사린 그 점을 감안한다 해도 필요조건이 되고도 남는다. 다시 요약하자면 사랑하는 조국을 위해 단 한 번이라도 울어본 사람은 결코 조국을 배신할수 없기 때문이다.

사막에 흔하게 피고 있는 들꽃 재스민이 영춘화(迎春花)로서의 가치와 의미를 되새기기 위해서라도 여자 대신 사랑하는 조국과 결혼한 무스타파 케말의 개혁원칙은 그래서 소중하고 더없이 좋은 길라잡이가 되고 있다.

4. 지금은 중동 전문가가 필요한 시대

지극히 당연한 이야기를 반복하고 싶은 것은 인간만이 가지고 있는 아이러니의 극치다. 그게 보태지고 더 쌓이면 잔소리가 되기 때문이다. 우리가 사는 세상은 보편적인 가치와 일반 상식을 뛰어넘는 절대적 가치 사이에서 걸러지고 정제된 특수한 집단의 다른 이름인 전문가에 대한 기대와 평가를 사회적 질서로 인지하고 있다. 이 때문에 경제 주체는 엘리트가 필요한 분야마다 전문가에게 권한과 임무를 동시에 주고 있다. 세상은 이들을 통해 새로운 질서를 만들 수 있다고 믿어 왔다.

리비아와 예멘 사태에서 보았듯이 2011년의 봄으로 인지되고 있는 재스민 혁명이 지금도 진행형으로 이어지고 있기 때문에 MENA 지역에 들불처럼 일고 있는 일련의 사태와 혁명은 세기적인 태풍의 변화로서 우리에게 다가오고 있다. 다시 반복해 말하지만 위기 속에 기회가 있고, 변화 속에 시장이 있듯이 지금의 중동지역은 한국이 필요한 석유와 천연가스를 80% 이상 수입하는 지역이다.

아무리 과학 기술과 대체에너지 기술이 발달되고 향상된다고 해도 남은 5%의 수요를 충족시키는 산업 구조가 좋든 싫든 당분간 지속될 수밖에 없다는 보편적 상식이 아직은 유효한 실정이다. 그래서 더더욱 중동 전문가가 필요한 것이다.

■ 전문가적 메뉴

하지만 역설적이게도 우리가 필요한 전문가는 너무나 많다. 단순 논리에 따라 없으면 세계 석학은 돈을 주고 그들의 머리를 빌리면 된다. 디지털 생태계의 발전에 의해 편리하게도 과학적 편익을 이들에게 적용한 결과다. 그래서 세상은 공평한 것이다. 이게 진실게임이기 때문에 우리 모두는 전문가가 되었다. 광속으로 전개되고 있는 21세기 현대과학과 현대경제 질서가 그렇게 요구하면서 생긴 힘이 되고 있다. 너무나 역설적이고 너무나 희극적인 냄새가 강하면서 말이다. 예를 들면 미국 나사에서 근무하고 있는 우주전문가가 확보한 기술과 정보는 고흥 우주발사체 과정에서 한국 언론매체의 힘에 의해 거의 공짜로 대학원생과 동급의 수준에 이르렀다.

연평도 천안함 사건을 통해서도 같은 이유로 군사전문가로 등극되었다. 여기에 그치지 않고 일본 후쿠시마 원전 사고는 우리 모든 국민들을 원자력발전 관련 기술자로 변모시켰다. 찾아보면 또 있다. 일본 동부 관동대지진으로 이미 지질학자(?)가 저절로 되었으니 이 네 가지 정보와 지식으로도 '글로벌 리더'에 하등 손색이 없게 되었다.

여기에는 관심의 유무에서 상응한 평가와 대접을 받게 되겠지만 자의든, 타의든 전문가 시대는 필연적인 귀납으로 매듭지어졌다. 다만 공개된 정보를 가지고 '틈새'와 '차별성'과 '경쟁력' 등을 추가해서 자기화하는 노력에 의해 21세기가 요구하는 글로벌 리더로서 우뚝 설 수 있는 것이다.

■ 중동연구 국책기관이 없는 나라에는 한국이 포함되고

그러나 어제의 중동지역 경제와 정치는 재스민 혁명을 거치면서 과거의 사건으로 점철된 반면 새로운 신질서에 따라 급변 그 차제로 흐르고 있어서 중동지역 연구기관에 거는 기대는 옛날과 다르게 갈수록 높아가고 있다. 그렇다면 현재 한국에는 중동지역 연구 국책기관이 몇 개나 있을까? 몇 개 정도 운영되고 있을까? 결론부터 말하자면 단 한 군데도 없다. 믿기지 않겠지만 사실이다. 이게 진실게임의 현주소인데도 아직까지 중동지역을 담당한 국책기관이 없다는 점이 아이러니하게도 희극이 되었다.

2007년 7월 19일 한국의 봉사단원이 아프가니스탄에서 탈레반 무장 세력에 납치되자 한국 정부는 27일 전문가를 현지 협상팀에 파견했다. 사건이 발생한 지 8일이나 지난 뒤였다. 현지 전문가를 찾지 못해 수소문해야만 해결할 수 있었다. 그마저도 파슈토어(語)와 다리어(語)를 쓰는 아프간에 아랍어 전공자를 보내는 바람에 별다른 소득을 얻지 못했다. 한국 봉사단원 피랍사태가 발생할 당시에도 중동지역 및 이슬람 지역의 전문가 양성이 시급하다는 지적이 여기저기에서 나왔다. 그리고 재스민 혁명이 발발한 현재까지 4년의 시간이 흘렀지만 성과는 '아직' 그대로다. 답보상태가 따로 없다. 한심하다는 생각을 화두로 삼을 정도로 진척은 기대난이 되고 있다. 지난 2004년 김선일 씨가 이라크에 납치되어 살해되었을 때도, 2007년 아프가니스탄 봉사단 납치가 벌어질 때도, 이번 중동지역 사태로 지구촌이 크게 요동치고 있어도 '아직'이라는 꼬리표를 떼지 못하고 있다. 그래 가지고 무슨 수로 해외 자원외교를 벌이고 무슨 정보로 해외 인력 파견을 고려할 수 있을까?

1980년대 학번 이후 중동지역 현지에서 박사학위를 받은 사람이 한 사람도 없다고 한다. 박사학위 소유자의 기대는 고사하고 중동지역 국책연구기관이 하나도 없다는 점이 동네 개가 웃을 수준에 이르렀다.

대조적으로 이라크와 아프가니스탄에서 피를 흘리고 있는 미국은 중동지역 연구에 대한 국가적 지원을 더욱 강화하고 있는 추세다. 미국 정부는 2006년 아랍어와 중국어 등 외국어 전문가를 육성하기 위해 '국가 안보 언어계획'을 도입해 해당 언어연구자에게 재정 지원을 정책으로 묶어 필수화시키고 있다. 이런 지원 덕분에 2010년 현재 중동지역 유학생은 2005년에 비해 30% 증가한 것으로 미국 국제교육연구소(IEE)는 집계했다.

같은 맥락에서 한국의 중동 연구자들이 그나마 기대를 건 곳은 2007년 처음 실시된 학술진흥재단의 인문학 지원 프로젝트인 '인문한국(HK)' 사업이었다. 그러나 이것 역시 기대에 못 미쳤다. 다만 관련 학계에서 한국과 아랍권 22개국 간의 교류를 목적으로 2008년 7월 발족한 민관합동재단인 '한·아랍 소사이어티'의 활동에 기대를 걸고 있는 형국이다.

여기서 필자는 한국이 사용하는 석유의 85%가 중동지역이고, 동시에 한국 건설 해외 플랜트에서 중동이 차지하는 비율이 80%였지만 이번 리비아 사태로 급격하게 추락하는 모습을 보면서 사자성어 '유비무환(有備無患)'의 의미가 더 절실하게 다가오고 있음을 지적해 둔다.

당연한 일을 거듭 강조하는 일이 아이러니의 극치인 줄 알면서도 이렇게 쓴소리를 토하고 있는 일이 어쩌면 방향감각을 상실한 공허한 메아리일 수 있다. 부질없는 지적일 수 있다. 과연 그럴까? 과연 그렇게만 느끼고 있을까? 과연 그럴 수밖에 없을까? 현재 한국에서 뜨고 있는 광고 메시지인 "정말 몸에는 좋은데 달리 표현할 방법이 없다"를 차용하면 이런 것이 아닐까? "지금은 중동 전문가가 필요한 시대임은 분명한데 달리 요구할 방법이 없다"는 하소연을 늘어놓고 싶다.

5. 재스민 향기는 라파(Rafah)마저 뚫었다

이집트 카이로 다운타운의 타흐리르 광장과 마세페로 가(街)는 아직까지 평화적인 시위가 간단없이 이어지고 있다. 호스니 무바라크가 권좌에서 물러난 2월 11일 이후 5개월이 흐른 지난 7월 첫 주 금요일에 벌어진 실제상황이다. 그렇다고 해도 이집트의 혁명은 서서히 완수의 길로 접어들고 있다. 그 가운데서 듣는 시위대의 요구는 크게 세 가지로 요약할 수 있다.

하나는 실물경제에서 빨간 경고등이 켜지고 있는데도 이집트 군최고위원회(SCAF)는 제대로 하는 것이 아무것도 없다. 이를 시정하라. 둘은 SCAF는 이제부터 임시 정부직을 내놓고 군으로 돌아가라. 마지막 셋은 무바라크의 녹을 먹었던 탄타위 SCAF 의장은 물러가라 등이었다.

이집트 시위대의 세 가지 요구는 한결같이 군최고위원회(SCAF)에 모아졌다. 마치 1980년 5월 '광주의 봄'을 맞았던 한국 정치사를 그대로 닮은 꼴이었다. 당시 민주열사들은 군부의 퇴진을 그렇게 요구했었기에 하등 다름이 없다. 낙후된 경제에 강한 군대가 있다는 말이 빈말이 아니었다. 그래서 역사는 돌고 돌기 마련이라고 했던가.

■ 이집트와 가자지구를 잇는 '눈물의 터널' 라파(Rafah)는 다시 개방되고

2011년 5월 25일(현지시각).

이집트의 과도정부는 이날부터 이집트와 팔레스타인 가자지구를 연결하는 라파 국경 통로를 개방하였다. 이번 조치로 140만 명의 가자지구 주민은 2007년 6월 가자 봉쇄 조치가 시작된 이후 4년 만에 가자지구를 자유롭게 출입할 수 있게 되었다. 이는 팔레스타인 과격 정파인 하마스가 가자지구를 장악한 뒤 이스라엘이 취한 봉쇄 조치를 사실상 무력화한 것과 같다. 이스라엘은 2007년 하마스가 집권하자 가자지구로 통하는 모든 검문소를 폐쇄했다. 이집트도 이를 도왔다. 가자지구 주민들은 식량과 의약품 부족으로 많은 고통을 받았다. 이를 돌파하기 위해 라파 국경지대 인근에 수백 개의 비밀 지하터널이 생겼고 이를 통해 부족한 생필품과 의약품을 조달하는 진풍경이 연출되기도 했다.

그러나 이집트 군부는 국경 개방 조치와 함께 봉쇄 이전의 규칙이 다시 적용된다고 밝혔다. 그것도 영구적으로 말이다. 이런 조치야말로 이집트가 호스니 무바라크 정부가 펴 온 친이스라엘 정책을 뒤집은 것이라는 점에서 파장이 예상되고 있다.

■ 엘 바다위 와프드당 당수의 견해

이집트 유력 야당인 엘 사이이드 엘 바다위 와프드당 당수는 최근 뉴욕타임스와의 회견에서 "이집트 전국 곳곳에서 국민의 민주화를 향한 열망을 느낄 수 있다"면서 "국민의 뜻을 모아 총선에서 승리해 혁명을 완수하겠다"고 자신의 견해를 피력했다. 또 "이집트 국민에게는 우리도 할 수 있다는 '긍정의 에너지'가 넘쳐나고 있다"고 밝히면서 "이집트를 민주주의 국가로 만드는 진짜 혁명은 이제 시작이다"라고 주장했다. 그래도 이집트 전문가들은 향후 정치일정에 따른 혼란이 계속될 것으로 보고 있다. 하지만 곳곳에서 희망의 불씨는 여전히 살아서 타고 있다. 사회 곳곳에서 다양한 목소리가 나오고 있어서다.

노점상에서는 무바라크 전 대통령과 부패한 군부를 풍자한 포스터까지 팔리고 있다. 인터넷 방송을 통해 정치문화를 풍자하는 프로그램도 속속 생겨나고 있다. 30년 철권정치가 계속되었던 무바라크 시대에는 상상도 할 수 없었던 일들이 이제는 공공연하게 벌어지고 있는 셈이다. 기업에서도 근로자들의 임금 인상 요구가 활발하게 일고 있다. 대학에서도 개혁의 목소리를 내고 있다. 지난 4월에는 아인샴스대학에서는 학생들의 요구로 학장이 바뀌었다. 이집트 군부의 심부름꾼이라는 이유에서다. '파라오의 나라' 이집트는 혁명의 열기가 가라앉지 않고 계속적으로 이어지고 있다.

하지만 한국이 1980년대 겪었던 민주혁명의 완수는 말처럼 쉽지 않다. 과거사 청산이 앞으로 얼마나 더 걸릴지 아무도 모른다. 이것마저 제대로 진전이 될지 이집트인 자신도 모르고 있다. 왜냐하면 민주화 방식을 놓고 야권과 무슬림형제단 등이 협상 중이지만 강경 군부가 독수리처럼 예의주시하고 있는 게 지금의 카이로이다. 언제 권력을 채갈지 모르고 있기 때문이다. 그렇다고 해도 자신의 힘으로 독재정권을 타도시켰던 이집트 국민들은 그 전망할 수 없었던 미래조차도 자신감을 잃지 않고 소중하게 간직하고 있다.

■ 도빌 선언문을 채택한 G7의 재스민 돕기

선진 7개국(G7) 정상들은 라파 국경지대가 뚫린 그다음 날에 프랑스 북부 휴양지 도빌에 모여서 재스민 혁명을 이루어낸 튀니지와 이집트를 돕기 위한 도빌 선언문 채택에 합의했다. G7 정상들은 도빌 선언문을 통해 튀니지·이집트 경제 재건을 위해 200억 달러 이상을 지원하기로 합의한 것이다. 미국이 '중동판 마셜플랜'을 통해 이들 국가에 경제 재건을 약속했다면, G7은 유럽에 대한 유럽부흥개발은행(EBRD) 식의 지원으로 이해할 수 있다. EBRD는 20년 전 옛 소련 붕괴에 따른 동유럽 혼란을 최소화하고 민주주의와 경제 안정을 지원하기 위해 설립된 은행이다. 이 은행은 공산권 몰락 이후 동유럽에서 금융시스템 개혁과 시장 자유화, 그리고 민영화 등을 이끌어내는 데 중요한 역할을 담당했었다.

선언문은 맨 첫 부분에 "우리의 목표는 이들 국가에서 정치개혁과 거시경제 안정을 해치지 않도록 돕는 일에 목적을 둔다"고 밝혔다. 따라서 7개국 정상들은 현재 진행 중인 MENA 지역 민주화 시위와 관련된 독재정권을 강력히 규탄하는 일까지 도빌 선언문에 포함시켰다.

이에 앞서 버락 오바마 미국 대통령은 지난해 5월 19일 이집트에 20억 달러 지원을 약속하는 등 이 지역에 최대 40억 달러를 지원하는

'중동판 마셜플랜'을 발표한 바 있다. 이렇게 G7 정상들이 발을 벗고 나서는 일은 그만큼 MENA 지역이 민주화 열기로 달아오른 것을 주목한 결과이다.

무릇 카이로의 봄은 이제 시작에 불과하다. 우리가 봄에 피는 꽃에 애착을 가진 것은 그들이 겨우내 모진 추위와 바람을 이겨내고서 피워낸 깊은 사연이 있기 때문이다. 하물며 사막의 열악한 자연환경 속에서 이에 굴하지 않고 핀 사막의 들꽃 재스민은 그래서 귀중한 가치로서 우리에게 다가온다. 봄을 맞이하는 꽃인 재스민은 그래서 향기와 꽃말과 기대감에서 민주화 열기를 대변하는 봄의 전령사(傳令使)로 가늠하고 있다. 이제 재스민 혁명은 튀니지를 시작해 이집트를 거쳐 포스트 카다피 시대까지 열었다. 이러한 혁명의 열기는 아랍연맹 소속 22개 국가 전역으로 들불처럼 번지고 있다. 이는 21세기 지향의 민주화 뿌리를 내리는 혁명의 불꽃이나 다름없다. 이처럼 오늘날은 '진정한 삶의 가치를 추구하는 데 최적의 조건은 민주주의 체제'라는 것이 보편적 진리로 대접받고 있는 시대이다.

자부심이 남다르게 강한 아랍인의 정기와 기세, 그리고 열망은 한마디로 'Prideful MENA(자부심 강한 중동+북아프리카 지역)'이다. 따라서 이집트와 가자지구를 잇는 '눈물의 터널 라파(Rafah)'의 개통에 대한 우리의 기대는 70억 지구촌 식구들이 지켜보았기 때문에 남다르게 다가온다.

나가는 글

■ ■ ■ 42년 철권정치의 무아마르 카다피는 이제 역사 속으로 묻혔다. 지난해 10월 20일(현지시각) 고향 시르테의 배수관에서 황금권총을 쥔 채로…. 2월 시민혁명이 시작된 지 248일 만이다. 그렇다고 해도 '아랍의 봄'의 시계는 그대로 돌아가고 있다. 660만 명의 리비아 국민들에게는 독재자의 폭정에서 해방되어 이제는 민주화 열기를 만끽할 수 있고 동시에 국가 재건에 희망을 걸게 되었다. 하지만 이 지역의 역사가 민초들의 희망처럼 진행되기에는 많은 시간이 흘러야 한다. 아랍 세계에서는 최근까지 권력배분이나 민주주의로의 평화적 정권이양 사례를 찾아볼 수 없기 때문이다.

실제로 중동 문제의 출발점은 식민지 시대까지 거슬러 올라간다. 유럽 행정관들은 종교와 인종적 다양성을 무시하고 자신의 이익을 위해 소수파에게 더 많은 권한을 부여하기 위한 인위적인 조작에 나섰다. 이로 인해 아랍 국가들은 아랍 민주주의 기치 아래 하나로 뭉친 체제를 약속했지만 이들이 독재로 돌아서면서 전쟁에서도 이기지 못했고 통치에도 실패했다. 종파적 편견만이 확대되었을 뿐이다. 이러한 일련의 사태를 직시한 아랍의 민초들이 빵과 민주화와 일자리를 요구하면서 들불처럼 일어난 일이 바로 '아랍의 봄'의 시초다.

시리아와 예멘의 독재자들이 아직까지 건재하고 있지만 이것 역시 시간과 아랍 정세가 결정지을 공산이 커졌다. 그렇다고 해도 지난해 11월 6일 아랍연맹이 제시한 대로 시리아 국영TV를 통해 무슬림 명절인 '이드 알아드하(희생절)'를 맞아 소요사태 중 체포된 죄수 가운데 살인범을 제외한 모든 수감자를 석방하여 7개월에 걸친 유혈사태에 가닥을 잡아가고 있다. 반면 요르단 정부는 민주화 운동에 적극 지지하는 선에서 평화를 되찾고 있다. 경제적으로 궁핍한 요르단 국민들이 주변국가와 달리 온건한 시위를 하고 현 압둘라 국왕체제를 지지했던 이유는 국왕이 신속한 민주화 약속과 경제문제 해소를 위한 특단의 조치를 취했기 때문이다.

그래서 전 세계인은 '아랍의 봄'에 대한 어떤 기대나 편견을 내리기 전에 아랍 민초들에게 희망과 재건의 함성이 울려 퍼지기를 기대하는 모습으로 이를 지켜보는 일이 최선의 지원인 것이다. 그래야만 '아랍의 봄'은 세기사적 사건임과 동시에 민초의 힘이 작동하는 진정한 아랍 정신으로서 평가받을 수 있다.

참고문헌

강남규(2011). '야마니 학습효과와 증산 외치는 알나이미'. <중앙일보>. 6.7.

김상우(2009). '한국형 전자정부 아프리카에 심는다'. <중앙일보>. 9.2.

김수헌(2007). '폭발하는 수쿠크 시장'. <한국경제>. 1.31.

김정명(2011). '중동의 잠 깨우고…'. <시사저널>. 3.8.

민동용(2011). '카다피家 재산 최대 170조원'. <동아일보>. 2.28.

박승희(2011). '클린턴 안보는 경제 클릭으로 이동'. <중앙일보>. 10.19.

박수진(2011). '이슬람 금융, 이자 금지가 원칙'. <조선일보>. 3.12.

박종세(2007). '우리가 알아온 알자지라는 틀렸다'. <조선일보>. 11.17.

박찬진(2011). '中東 전문가 없는 對중동 외교' <매일경제>. 3.2.

안정훈(2011). '민심수습용 중동판 마셜플랜 나온다'. <매일경제>. 3.5.

윤주헌(2011). '말나위의 나이팅게일'. <조선일보>. 2.26.

이진명(2011). '터키, 원전건설 한국 참여를'. <매일경제>. 11.5.

인남식(2008). '중동을 이웃으로 사귀는 법'. <동아일보>. 2.2.

임은모(2010). 「부국으로 성장하는 한국 원자력」. 『원자력문화』. 7·8월호.

임은모(2011). 『아부다비투자청 대해부』. 한국학술정보.

이종화(2006). '이슬람 문명과 도시'. <서울신문>. 8.29.

이현정(2010). 'GCC 은행산업의 현황과 과제'. <해외경제, 12월호>. 한국수출
    입은행.

임성현(2011). '해외 플랜트 이젠 내실이다'. <매일경제>. 2.14.

정동욱(2011). '138조 리비아 재건 선점은 이제부터 글로벌 이권전쟁'. <매일
    경제>. 10.22.

장용승(2011). '5분의 1 토막 해외건설 수주 비상'. <매일경제>. 3.2.

차경진(2006). 『이슬람 금융 개요』. 해외경제연구소.

최용성(2010). '동유럽 신재생에너지 시장 선점'. <매일경제>. 12.15.

최인준(2011). '졸업 후도 문제다'. <동아일보>. 3.2.

한국수출입은행(2011). 『세계국가편람』.

한국이슬람교중앙회(2006). 『이슬람은?』.

한국정보사회진흥원(2010). 『전자정부 로드맵 성과』.

KOTRA(2011). 'MENA 민주화 사태 150일, 시장 변화와 전망'. 6.3.

Owen Matthews(2011), '중동 이슬람 혁신에 터키식 성공 모델 눈에 띄네'. <뉴스위크>. 3.9.

임은모 ────────

광고평론가
한국문화콘텐츠학회 부회장
Al Ahmed Green Forum 공동대표
한일마케팅포럼 기획위원
한세대학교 광고홍보과 겸임교수 역임

『Global Green Growth Report』(2011)
『아부다비 투자청 대해부』(2011)
『스위트 그린머니』(2010)
『그린에너지 원자력』(2010)
『탄소제로도시 마스다르의 도전』(2009)
『아부다비의 힘』(2009)
『글로벌 그린마켓 승자의 길』(2009)
『글로벌 브랜드 두바이』(2007)
『문화 콘텐츠 비즈니스론』(2003)
『디지털 콘텐츠 입문론』(2002)
『모바일 콘텐츠 게임 개발론』(2002)
『짐 클라크의 수익모델 엿보기』(2001)
『취해도 광고는 바로간다』(1995)
『성공기업 광고전략』(1992)

「광고전략에서 케이스스터디 영역과 역할에 관한 연구」(1997)
「모바일콘텐츠에서 기술적 특성과 게임프로듀싱에 관한 연구」(2000)

월간 <팝사인> 광고칼럼 연재
월간 <디지털콘텐츠> 콘텐츠개론 연재
브레이크 뉴스(www.breaknews.com) '아부다비 通信' 연재

'탄소제로도시 마스다르의 도전' 강연
'중동시장에서 국부창조(國富創造)의 지름길' 강연

아람의 봄
الشوارات العربية

초판인쇄 | 2012년 1월 27일
초판발행 | 2012년 1월 27일

지 은 이 | 임은모
펴 낸 이 | 채종준
펴 낸 곳 | 한국학술정보㈜
주   소 | 경기도 파주시 문발동 파주출판문화정보산업단지 513-5
전   화 | 031) 908-3181(대표)
팩   스 | 031) 908-3189
홈페이지 | http://ebook.kstudy.com
E-mail | 출판사업부 publish@kstudy.com
등   록 | 제일산-115호(2000. 6. 19)

ISBN   978-89-268-3037-6 03320 (Paper Book)
          978-89-268-3038-3 08320 (e-Book)

이담 Books 는 한국학술정보(주)의 지식실용서 브랜드입니다.